PROFISSÃO
INFLUENCER
Fátima Pissarra

PROFISSÃO INFLUENCER

Como fazer sucesso dentro e fora da internet

Fátima Pissarra

CEO da agência MYND

Rio de Janeiro, 2022

Copyright © 2022 por Fátima Pissarra

Todos os direitos desta publicação são reservados à Casa dos Livros Editora LTDA. Nenhuma parte desta obra pode ser apropriada e estocada em sistema de banco de dados ou processo similar, em qualquer forma ou meio, seja eletrônico, de fotocópia, gravação etc., sem a permissão dos detentores do copyright.

Diretora editorial: Raquel Cozer
Coordenadora editorial: Malu Poleti
Editora: Chiara Provenza
Assitência editorial: Camila Gonçalves e Mariana Gomes
Apoio ao texto: Carolina Candido
Revisão: Tággidi Mar Ribeiro e Bonie Santos
Preparação: Laila Guilherme
Projeto gráfico de capa: Eduardo Okuno
Projeto gráfico de miolo e diagramação: Juliana Ida
Foto de capa: Marcos Duarte/ @marcospbduarte

DADOS INTERNACIONAIS DE CATALOGAÇÃO NA PUBLICAÇÃO (CIP)
ANGÉLICA ILACQUA CRB-8/7057

P756p

Pissarra, Fátima
   Profissão influencer: como fazer sucesso dentro e fora da internet / Fátima Pissarra. - Rio de Janeiro : HarperCollins, 2022.
   192 p.

ISBN 978-65-5511-347-1

1. Negócios – Internet 2. Desenvolvimento profissional I. Título

22-1786

CDD 650.14
CDU 65.011.4

Os pontos de vista desta obra são de responsabilidade de sua autora, não refletindo necessariamente a posição da HarperCollins Brasil, da HarperCollins Publishers ou de sua equipe editorial.

Rua da Quitanda, 86, sala 218 — Centro
Rio de Janeiro, RJ — CEP 20091-005
Tel.: (21) 3175-1030
www.harpercollins.com.br

Eu dedico este livro a todas as pessoas que acreditam que são influenciadoras, que dão palpite, que opinam, que gostam de interagir, de bater papo, de ouvir, de aprender e de ensinar. A todos aqueles que acreditam que podem conquistar, que podem ser felizes fazendo o que amam, que querem acordar todos os dias com força total, a todos que não querem dormir, a todos que têm sede de fazer acontecer e transformar o mundo.

Vem comigo!!!

SUMÁRIO

Prefácio, por Preta Gil 10

Parte 01
Por que influenciar é profissão?

Capítulo 01
Quem influencia? 15

Capítulo 02
Somos todos contadores de histórias 19

Capítulo 03
Com vocês, a internet 21

Capítulo 04
A linha do tempo da comunicação 25

Capítulo 05
Pessoas com gostos diferentes 27

Capítulo 06
Mão na massa 31

Parte 02
Nem só de likes vive o influencer

Capítulo 07
Estar fora das redes não é uma opção 39

Capítulo 08
A revolução comercial da internet 43

Capítulo 09
Já não conseguimos ficar sem nos conectar 47

Parte 03
Sucesso dentro e fora das redes

Capítulo 10
É preciso saber influenciar   53

Capítulo 11
O diálogo é necessário   57

Capítulo 12
As opções são inúmeras   63

Capítulo 13
Pessoas influenciam pessoas   69

Capítulo 14
Estude as plataformas   73

Capítulo 15
O que é a influência   83

Capítulo 16
Não é só sobre você   87

Capítulo 17
Estudando a influência a fundo   93

Capítulo 18
Una a credibilidade, a emoção e a lógica   99

Parte 04
Ao infinito e além

Capítulo 19
As personas digitais   105

Capítulo 20
Nada é por acaso na criação de conteúdo   109

Capítulo 21
Você é o conteúdo que você produz   115

Capítulo 22
Com quem você está falando?   119

Capítulo 23
Influenciar é uma moeda de troca   123

Parte 05
Networking de milhões

Capítulo 24
Seja você mesma   127

Capítulo 25
Quem influencia o influenciador?   131

Capítulo 26
Influencie sem medo   135

Capítulo 27
Quem não arrisca não influencia   141

Capítulo 28
Entenda o engajamento   145

Capítulo 29
Dome seu ego   151

Capítulo 30
O engajamento de cada rede   155

Capítulo 31
Seguidores são pessoas   161

Capítulo 32
Para que você quer seguidores?   165

Capítulo 33
Mude do eu para o nós   169

Capítulo 34
Crie para milhões, mesmo que você não os tenha   175

Capítulo 35
Credibilidade, rainha   179

Capítulo 36
O que você ganha por ser de verdade   185

Agradecimentos   191

O IMPACTO DE FÁTIMA PISSARRA

Por Preta Gil, cantora e empresária.

Fátima Pissarra entrou na minha vida como um divisor de águas. Ela enxergou o meu lado empreendedor, a empresária que habita em mim, um lado que eu mesma não conhecia. Veio dela a ideia de criar a MYND comigo: "Temos que abrir uma agência", ela disse, sem meias palavras. E o desenvolvimento da empresa aconteceu do jeito Fátima de ser: rápido, quase instantâneo, e muito enérgico.

De lá para cá, por meio da MYND, a gente vem transformando não só a nossa vida, mas também a de centenas de pessoas, diretamente – e de milhões, indiretamente. Porque o maior dom que ela tem é este: o de transformar vidas.

Todo o esforço, toda a atenção, todo o cuidado, literalmente tudo o que ela faz é para que os nossos agenciados tenham seus talentos e seu alcance potencializados. Para que possam crescer, ganhar visibilidade e levar suas mensagens para ainda mais pessoas. A Fátima tem uma força, um poder e uma energia, capazes de transformar o mercado – algo que inclusive ela já fez nos últimos anos, ao reconhecer como as redes sociais poderiam ser usadas para amplificar a voz de muita gente que nem tinha noção de todo o potencial e alcance de sua mensagem. É um trabalho que parte da ideia de desconstruir padrões, reconstruí-los e construir novos. Novos padrões, novos caminhos, novas possibilidades.

Neste livro, temos acesso ao melhor de Fátima Pissarra. Ela nos apresenta a própria jornada e oferece conselhos, dicas e ensinamentos valiosos para todos aqueles que sonham em alcançar o sucesso com a ajuda do bom uso das redes sociais. O que você tem em mãos não é apenas um livro: é quase um curso completo sobre marketing digital, influência e o poder que cada um de nós pode acessar se souber administrar estrategicamente as redes sociais e nossa persona on-line.

Tenho muito orgulho de ter a Fátima como sócia, como amiga, como irmã, e sei que tudo isso que ela já construiu é só o começo. O que essa mulher ainda vai causar e transformar no mercado é algo gigante. *Profissão influencer* é mais um passo que ela dá nessa direção, convidando quem estiver interessado a caminhar com ela na evolução e revolução do marketing e da publicidade digital.

Fico feliz de estar ao lado, de poder ser apoio para ela e de ela ser apoio para mim. Vamos juntas realizar muitas coisas.

Se você souber aproveitar bem este livro, pode vir conosco nesta jornada.

PARTE

POR QUE INFLUENCIAR É PROFISSÃO?

CAPÍTULO 01

QUEM INFLUENCIA?

CORAGEM PARA EMPREENDER

SOU FORMADA EM JORNALISMO E EM PSICOLOGIA. QUANDO CURSEI jornalismo, a internet ainda era uma espécie de sonho (porque quase não existia mesmo). Era o fim dos anos 1990, e realizavam-se diversos testes iniciais para aquilo que hoje faz parte da nossa rotina. Um dia, vi cartazes na faculdade dirigidos a quem conhecesse alguém que tivesse e-mail e quisesse entrar em um grupo de testes. Como eu tinha um irmão formado nos Estados Unidos e que trabalhava na Microsoft, eu consequentemente tinha e-mail, então, fui lá me apresentar. Depois de receber um disquete e um modem, precisava me conectar com frequência e ir a reuniões periódicas para contar como andava o funcionamento da ferramenta. Ou seja, posso dizer que estou na internet desde quando tudo era mato. Décadas depois, sigo aqui, à frente de uma das agências líderes de entretenimento e digital do Brasil e do mundo.

Não segui o caminho do empreendedorismo desde o começo, ainda que a veia empreendedora pulsasse em mim, mesmo quando trabalhava em empresas e essa palavra praticamente não era usada.

Nunca realmente me imaginei dona de uma empresa, mas me sentia empreendendo e construindo coisas e ideias novas nos lugares em que eu trabalhava.

Naquela época, comecei a trabalhar na antiga BCP Telecomunicações, companhia de celular que iniciou suas atividades em 1998 e hoje faz parte da operadora Claro. Estava lá logo no lançamento, formando, portanto, o que viria a ficar conhecido como "start-up". Eu cuidava do site e, posteriormente, de todos os produtos que funcionavam pelo site. Lancei, por exemplo, ringtones para mensagem de texto e por aí afora. Foi nesse momento que iniciei meu contato com a música. Aprendi absolutamente tudo sobre direitos autorais. Naquela época, ringtones eram só uns barulhinhos que se pareciam com uma música e que posteriormente se tornariam os *true tones*, que eram as músicas propriamente ditas. Nessa época, participei de todos os contratos com editoras e gravadoras, e fiz uma verdadeira imersão no mundo burocrático da música.

Sempre em contato com os lançamentos de aparelhos e com o mundo da tecnologia, meu sonho mesmo era trabalhar na Nokia, empresa finlandesa que naquele tempo era praticamente hegemônica no mundo dos aparelhos. Tudo que havia de mais moderno na telefonia celular era lançado por essa empresa, detentora das tecnologias mais avançadas. Acabei conseguindo uma vaga na empresa, como gerente de produtos, o que exigia que eu conhecesse todas as questões tecnológicas e inovadoras e desenvolvesse soluções para cada aparelho. Minha fama era de quem não aceitava "não" como resposta.

Eu amava trabalhar na Nokia; era uma empresa genuinamente inovadora, que nos incentivava a nos atualizar sempre. Foi lá que praticamente abri uma área de vendas de espaços nos celulares para marcas. Diante de muita resistência, transformamos o Brasil em um dos países que mais vendiam aparelhos coloridos, graças a um projeto realizado com a marca Seda. Também inovamos no formato, colaborando com outras marcas, como Coca-Cola, Rexona, Kipling, Knorr, Mini Cooper, lançando conteúdos em parceria com dispositivos, os famosos celulares "customizados", que eram febre na época.

Foram muitos percalços até a área se consolidar dentro da empresa; passei por inúmeras reuniões em que diretores repetidamente me detonavam por querer mudar o processo. Por outro lado, recebia muito apoio de quem enxergava o poder dessa transformação e entendia como inovar seria eficiente para atender às demandas. Mesmo com todos os altos e baixos de um ambiente corporativo, trabalhar na Nokia era mesmo o sonho que eu imaginava.

Tive sete chefes durante meus quatro anos de empresa, e todos me incentivavam muito a empreender. Um deles, americano, que na época morava em Nova York, começou a trabalhar na Vevo e sugeriu que eu fosse com ele para abrir a operação da empresa no Brasil. Eu recebia um excelente salário na Nokia e não tinha motivos para mudar, a não ser uma voz dentro de mim que me dizia que aquela seria uma oportunidade incrível. E eu fui.

Sempre fui muito inquieta com o ideal de construção de carreira que, de alguma forma, acaba por prender você eternamente ao setor com o qual está conectado. Se você começasse trabalhando em telecomunicação, ficaria a vida inteira naquela área. Assim, vi nessa oportunidade um caminho para mudar de setor e me inserir no mundo da música. Apesar de ter certa experiência, nunca havia efetivamente trabalhado nele.

Durante um ano, eu fui funcionária da Vevo sem sequer sonhar em empreender. Então, a Vevo definiu que queria uma empresa que a representasse no Brasil, e eu fui procurar um parceiro para essa empreitada. Foi quando, durante um evento, eu me sentei ao lado de Ricardo Marques, que tinha acabado de vender a Elemidia. Contei para ele os meus planos. Ele, então, me perguntou: "Por que não abre você mesma a representação da Vevo?". Confessei que julgava não ter sangue para virar uma empreendedora. O medo me dominava. Ele disse que entraria comigo nessa. Em uma semana, fechamos a ideia, apresentei-a a meu chefe na Vevo e virei a nova representante deles no Brasil.

Esse foi o começo da minha carreira de empreendedora. Se você conhece a Vevo, sabe que ela é responsável por administrar os canais on-line dos artistas, nos quais são disponibilizados os videoclipes. Trabalhei com grandes nomes do Brasil e do mundo – como Demi

Lovato, Steven Tyler, Luan Santana e Adam Levine. Como responsável pelo contato entre a Vevo e os artistas, estava em comunicação direta com seus empresários. Munia-me do conhecimento das operações, da perspectiva da empresa e, por meio da minha curiosidade e proatividade, comecei a entender como as funções eram geridas do ponto de vista dos artistas e quais falhas precisavam ser supridas.

Nessa época, trabalhava também com a Preta Gil em diversos projetos, e um dia ela sugeriu que eu deveria gerenciar artistas, algo que não existia no mundo da música. Ela topou ser minha sócia, e assim nasceu a MYND, em 2017, com o objetivo de agenciar cantores. Hoje, agenciamos também artistas de diversos âmbitos que não somente o musical. É bem possível que você já tenha ouvido falar da MYND, pois somos a maior agência de projetos de música, entretenimento e marketing de influência do mercado, com a maior variedade de artistas, muitos dos quais você também deve conhecer.

Ao longo da minha trajetória, lidei com diversas transformações do setor da comunicação e soube me reinventar a cada uma delas, exercendo o poder da influência para levar minhas empresas ao topo. De todas essas transformações, é sempre importante ressaltar o poder da internet, uma das maiores responsáveis pela revolução dos meios de informação atuais e vetor principal da renovação nos meios de influência.

CAPÍTULO

02

SOMOS TODOS CONTADORES DE HISTÓRIAS

HÁ UMA COISA QUE TODOS NÓS, SERES HUMANOS, TEMOS EM comum, independentemente do lugar onde moramos, nossas crenças ou situação financeira: vivenciamos histórias. Todos temos histórias para contar, coisas nas quais acreditamos e que defendemos ou repudiamos.

E, QUANDO FALAMOS DE ALGO QUE AMAMOS, TEMOS PODER DE INFLUÊNCIA SOBRE OUTRAS PESSOAS.

Nossas experiências, habilidades e conhecimentos nos pertencem e servem para ser compartilhados, como forma de agregar, ensinar e gerar identificação.

Contar histórias nada mais é do que compartilhar momentos e criar um laço de comunidade com quem te ouve. Esse laço faz com

> **DICA DA FÁTIMA**
>
> TUDO É MONETIZÁVEL. ISSO MESMO, DÁ PARA VENDER TUDO. ATÉ A SUA HISTÓRIA. NÃO TENHA MEDO DE VENDER CONTEÚDO, SER CRIATIVO E CRIAR UM BOM STORYTELLING PARA CONTAR QUEM É VOCÊ.

que a pessoa se torne mais próxima de você e mais propensa a acreditar naquilo que você tem a dizer.

E histórias podem ser contadas de muitas formas.

A música nova lançada pela diva pop é uma história. O vídeo de "maquia e fala" feito por uma youtuber é uma história. O vlog de viagem do casal é uma história. O tutorial de como passar em determinada fase de um jogo de videogame conta uma história. Os stories compartilhando parte do seu dia são uma história.

Por meio das redes sociais, contar a sua história se tornou muito mais fácil e recompensador. A produção de conteúdo na internet deixou de ser hobby e passou a ser profissão.

As opiniões dos outros começaram a moldar nossa forma de consumo na internet. Engana-se quem pensa que essa é uma prática nova: o que você acha que novelas e comerciais de televisão fazem, por exemplo? Eles nos influenciam a comprar determinado produto ou assistir a certo canal.

E mesmo a opinião que temos a respeito desses programas é molm dada pela influência que recebemos de determinadas pessoas. A novela de maior sucesso continua passando, e entramos em sites de fofoca para saber mais a respeito dos atores e dos personagens que eles interpretam. A mocinha da novela, ou, por vezes, a vilã, é responsável pela venda completa do estoque de determinado produto, porque as pessoas em casa se identificam com ela e querem se vestir de acordo com alguém que as inspire.

A principal diferença é que, nesses casos, sabemos muito mais sobre a personagem do que sobre a pessoa de fato, porque não há uma relação de proximidade tão grande entre fã e artista na televisão. Todos conhecem Nazaré Tedesco, mas poucos devem saber do que Renata Sorrah, a atriz que a interpretou, gosta. Na internet, no entanto, esse contato é muito mais próximo.

CAPÍTULO

03

COM VOCÊS, A INTERNET

POR MEIO DAS REDES SOCIAIS, PODEMOS DEIXAR COMENTÁRIOS para que nosso ídolo leia, ver a loja em que gostamos de comprar postar a respeito de seus produtos novos, descobrir um novo restaurante por meio de uma indicação. Ampliamos nossos horizontes e criamos laços de proximidade ainda maiores. É comum que, hoje em dia, muitos artistas sejam descobertos devido ao conteúdo que postam em suas redes sociais e que o contrato com eles leve em consideração a influência que já exercem sobre o público que os assiste. Vemos esse fenômeno ocorrer no TikTok, por exemplo. Você pode não saber quem é Charli D'Amelio, mas com certeza se impressionará ao descobrir que mais de cem milhões de pessoas a seguem naquela rede.

Mas qual é o fator responsável por determinar o grau de influência que as pessoas exercem na internet? Como medir essa influência e entender o quanto as nossas experiências podem moldar a forma como nos comunicamos e o modo como nosso público nos vê?

A INTERNET É UM
MAR INFINITO DE
POSSIBILIDADES.
MERGULHE
SEM MEDO.

É comum que o trabalho de criadores de conteúdo seja desacreditado, com seu mérito sendo associado à sorte, ao favorecimento da rede em que se encontram ou a conexões prévias que a pessoa possa ter. Mas, quando falamos de trabalhar com a internet, é essencial nos lembrarmos de que faz sucesso aquele que tem um público para ver e ouvir o que ele tem a dizer. Quem sabe como contar sua história.

Afinal, é claro que não passamos todos pelas mesmas experiências, mas, ao contar histórias, podemos aprender uns com os outros. É o que fazemos ao ler livros, folhear revistas, assistir a filmes e, mais recentemente, consumir o conteúdo criado por outras pessoas na internet, os chamados influenciadores.

CAPÍTULO

04

A LINHA DO TEMPO DA COMUNICAÇÃO

AS FORMAS DE CONTAR HISTÓRIAS EVOLUÍRAM AO LONGO DOS anos. Os livros, por exemplo, fazem parte do nosso imaginário há muito tempo, e, analisando as mudanças ocorridas na literatura com o passar dos anos, podemos identificar transformações nas formas de contar histórias.

Por volta dos anos 1950, tecnologias como o telefone começaram a aproximar as pessoas, tornando a comunicação mais rápida para os padrões da época.

Foi também nessa década que surgiu a televisão, que, como você bem deve imaginar, foi crucial para o processo de contar histórias.

Filmes, telenovelas, talk shows que eram transmitidos durante a tarde acompanhados de um café com bolachas: passávamos horas na frente daquela telinha, tentando absorver o máximo de histórias possíveis, e até nos acostumávamos com os sons relacionados a determinados programas. Pergunte a qualquer pessoa nascida nas décadas de 1980 e 1990 o que sentia ao ouvir o som do *Plantão da Globo* para saber do que estou falando.

E, por falar nessas décadas, elas foram responsáveis por popularizar uma das invenções mais disruptivas no processo de comunicação: o computador. Ao longo dos anos, fomos mudando as diferentes telas que ficávamos longos períodos de tempo encarando, mas o interesse por trás de tais atos era sempre o mesmo: contar e ouvir histórias, nos conectarmos com outras pessoas e entendermos mais sobre o mundo e nós mesmos.

Hoje, a comunicação é mais automática do que nunca. Com alguns toques na tela do celular, podemos compartilhar o que estamos fazendo com milhares de pessoas por meio das variadas plataformas sociais. Mas, se você prestar bastante atenção na pequena linha do tempo que apresentei, perceberá que o elemento constante ao longo da história da comunicação são as pessoas. E essa talvez seja a lição mais importante que podemos aprender sobre influência.

Pessoas se comunicam com pessoas. Para entender como influenciar, você precisa perceber como se comunicar com o público sobre o qual deseja exercer influência.

Somos todos comunicadores e influenciadores em essência.

CAPÍTULO

05

PESSOAS COM GOSTOS DIFERENTES

SE ANALISARMOS OS MEIOS DE COMUNICAÇÃO MAIS COMUNS na nossa rotina, poderemos apontar diferenças na forma de consumo de cada um. Quando falamos de livros, retomando o exemplo do capítulo anterior, temos variados gêneros literários. Há quem goste de autoajuda, outros preferem romances. Há quem só leia livros de mistério.

O mesmo vale para programas de televisão. Você já se pegou se perguntando como algumas pessoas conseguem assistir àqueles programas da tarde tão sensacionalistas que só falam de violência? A verdade é que, se esses programas estão no ar, é porque existe um público que deseja consumi-los. Eles exercem influência sobre esse público.

O que podemos entender com isso é que não existe uma fórmula certa para influenciar as pessoas ou que determine qual assunto deve ser abordado. Somos plurais e temos interesse por assuntos diferentes.

**O QUE DE FATO DETERMINA A NOSSA INFLUÊNCIA
É COM QUEM FALAMOS E COMO PASSAMOS
A NOSSA MENSAGEM.**

Para entender melhor, precisamos entrar mais a fundo nesse tema.

A QUESTÃO DA INFLUÊNCIA

O conceito de influenciador nos faz acreditar que somente quem tem milhões de seguidores pode ter uma opinião relevante a respeito de algo. Mas basta parar para pensar e você perceberá que influencia pessoas o tempo todo. Influencia uma amiga a ouvir aquela música nova de que você gosta, influencia um parente a comprar determinado produto, dá a sua opinião a respeito de determinado livro para outra pessoa.

Já ensinávamos amigos e orientávamos aqueles à nossa volta muito antes da existência das redes sociais. A diferença é que hoje em dia isso se tornou uma profissão, e quem soube tirar proveito disso agora vê sua rede de comunidade crescer. E a beleza das redes sociais é que elas dão espaço para pessoas que talvez não tivessem como exercer sua influência em massa por meio de outros veículos, como a televisão. Elas ressaltam a pluralidade e tornam mais fácil nos aproximarmos de pessoas com quem nos identificamos.

E, como sempre, sobressai quem é pioneiro. Mesmo num mundo que parece saturado como o das redes sociais, onde por vezes temos a impressão de que não há espaço para mais ninguém, é possível crescer e se ==DESTACAR== se você tiver uma postura ativa.

**NADA VAI CAIR NO SEU COLO,
TENHA CERTEZA DISSO.**

Hoje sou vista como Fátima Pissarra, sócia-fundadora da MYND, mas esse título é advindo de uma enorme trajetória em que pude provar de forma prática, por meio de minhas atitudes, que proatividade, pioneirismo e curiosidade podem nos levar muito longe. Essas características foram essenciais para que eu conquistasse cada vez mais o meu espaço. E, como estamos falando de contar histórias, vou contar um pouco mais da minha neste livro.

A INTERNET E A RENOVAÇÃO DA INFLUÊNCIA

Maior invenção das últimas décadas, a internet faz parte do nosso dia a dia. É provável que você esteja dando uma olhadinha em alguma rede social ou pesquisando algo no buscador neste exato momento. A internet nos absorve, tornando-se um grande foco de nossa atenção, e exerce grande influência na opinião das pessoas.

Mas falar dessa forma faz parecer que a internet é um território mágico com superpoderes, quando ela é, na verdade, um reflexo de nós mesmos. Somos nós que determinamos o que faz sucesso e o que é esquecido, seja na internet ou fora dela. É a forma como interagimos e consumimos determinados conteúdos que decidirá se eles serão vistos por mais pessoas ou se estarão destinados a, como se diz hoje em dia, flopar.

Mas, se a internet é tão importante no processo de tomada de decisão das pessoas, parece mais do que lógico perceber que é essencial estarmos presentes nela, não é mesmo? E é igualmente essencial entender que, para exercer a influência, temos que estar dispostas a aprender.

E é isso que você fará neste livro.

CAPÍTULO 06

MÃO NA MASSA

O MELHOR TIPO DE PLANO É AQUELE QUE É COLOCADO EM ação. Ainda que eu apresente uma infinidade de conceitos neste livro, eles somente serão válidos para os seus objetivos no momento em que forem executados.

O que quero dizer é que não será suficiente apenas ler este livro. É necessária uma postura ativa, tanto durante a leitura quanto em sua vida.

A simples compra deste livro confirma o seu interesse em adquirir mais conhecimento a respeito do poder da influência. Vamos, então, passar à ação. Apresento algumas sugestões para que você possa aproveitar ao máximo tudo aquilo que será dito aqui e entender como se beneficiar das dicas que darei para crescer de forma orgânica nas redes sociais e fazer seu conteúdo ser visto.

1. TENHA VONTADE. E é importante ressaltar que a vontade que aqui menciono não pode ser um conceito vago, como quando mencionamos que queremos ser ricos ou viajar

O MELHOR TIPO
DE PLANO É
AQUELE QUE
É COLOCADO
EM AÇÃO.

mais, mas não fazemos nada de concreto para que isso aconteça. Falo da vontade que te faz levantar no meio da noite e ir até a cozinha no escuro para beber um copo de água ao sentir a garganta seca demais. Ou da persistência que te impele a continuar correndo alguns metros a mais a fim de atingir o objetivo de cinco quilômetros em vez de se contentar com quatro e meio, ainda que sinta um pouco de dor nos pés. É a sede de aprender, de entender, de se dedicar ao seu propósito e não desistir quando se tornar difícil. Porque nada é fácil. E, se você não tem convicção das suas vontades, fica mais fácil abdicar quando os desafios forem mais fatigantes. Mas, se entende o que quer e sabe atrás do que está correndo, essa vontade se torna quase uma obsessão que te faz contestar regras sem sentido que lhe são impostas com um simples "não".

Pense agora em qual é o seu maior objetivo ao influenciar pessoas e anote esse objetivo em um papel. Acredite no poder de mentalizar aquilo que você deseja e de atrair a atitude correta para que possa se esforçar e correr atrás, criando uma estratégia que funcione para o seu objetivo final.

2. **FAÇA OS EXERCÍCIOS QUE FOREM PROPOSTOS.** Eles foram pensados e desenvolvidos por um motivo específico, que é ajudar você a alcançar o seu objetivo. Com toda a sinceridade, devo dizer que eu não preciso mais desses exercícios, já sei exercer minha influência com maestria.

E como cheguei nisso? No passado, testei cada um dos métodos aqui propostos. No presente, estudo cada um dos agenciados que fazem parte do catálogo da MYND e aqueles que desejamos agenciar em busca do diferencial. E garanto que aqueles que apresentam um diferencial em relação aos outros são exatamente os que, consciente ou inconscientemente, fazem os exercícios que você terá em mãos em breve. Você terá uma vantagem, pois o apanhado que trago aqui vai te ajudar a chegar lá mais rápido.

[ACREDITE NO PODER DE MENTALIZAR AQUILO QUE VOCÊ DESEJA E DE ATRAIR A ATITUDE CORRETA PARA QUE POSSA SE ESFORÇAR E CORRER ATRÁS, CRIANDO UMA ESTRATÉGIA QUE FUNCIONE PARA O SEU OBJETIVO FINAL.]

NÃO SÃO ATALHOS, VEJA BEM, POIS NÃO HÁ ATALHOS.

Considere os erros como experiências que você tem a oportunidade de conhecer por meio da vivência de outros e, assim, aprender. Por isso, repito: não leia apenas por ler. Reflita, conteste quando achar necessário, erga sua voz e se faça ser ouvida. Aprender é um processo ativo. Aprendemos quando fazemos.

3. **ANOTE, RISQUE, FAÇA MARCAÇÕES PARA O SEU EU DO FUTURO.** Este é o seu manual de influência, e você poderá consultá-lo quantas vezes quiser.

    Você terá diversos insights durante a leitura. Valorize cada um deles, anote, pense a respeito, faça projeções. Ter postura ativa na sua busca pelo conhecimento te ajudará a aumentar sua influência.

4. **TENHA PODER DE AUTOCRÍTICA.** Não gostamos de ser criticados, seja por outros ou por nós mesmos. Temos tendência de fugir daquilo que nos causa dor ou desconforto. Mas, se você não avaliar o que está fazendo de errado, não poderá entender como agir corretamente.

    Pergunte-se o que está fazendo de errado e o que está fazendo de certo, e quais são as possibilidades de mudar suas atitudes com as ferramentas que tem em mãos no momento. Como conseguir mais ferramentas? Um sistema de autoanálise te permite aprender mais consigo mesma, é a melhor forma de aprendizado a respeito de suas próprias atitudes.

PARTE

02

NEM SÓ DE LIKES VIVE O INFLUENCER

CAPÍTULO

07

ESTAR FORA DAS REDES NÃO É UMA OPÇÃO

ANTES DE SEQUER COMEÇARMOS A PENSAR NOS BENEFÍCIOS DE ter uma presença on-line, é preciso analisar mais a fundo o quanto a internet mudou nossa vida e o quanto ela é benéfica para uma série de negócios que não teriam como ser vistos não fosse por ela.

Você já parou para pensar na quantidade de estabelecimentos que conhecemos somente porque alguém nos indicou na internet? Ou com que frequência você ouve falar de um influenciador que julgava ser desconhecido e, numa rápida pesquisa, descobre que a pessoa tem milhões de seguidores e é extremamente relevante em seu nicho?

Ao longo das próximas linhas, eu e você vamos desvilanizar a internet. E o que exatamente isso quer dizer?

INTERNET: VILÃ OU MOCINHA?

Eu tenho certeza de que, se você entrar agora no Instagram, poderá encontrar ao menos cinco posts diferentes de pessoas reclamando das redes sociais e dizendo quanto são tóxicas.

DICA DA FÁTIMA

A INTERNET É UMA TERRA DE OPORTUNIDADES PARA QUEM SABE APROVEITAR, PORQUE AS CHANCES DE SER VISTO ALI SÃO MUITO MAIORES. AO MESMO TEMPO, ELA TAMBÉM É VISTA COMO UMA GRANDE VILÃ POR MUITAS PESSOAS. PAIS QUE ACHAM QUE SEUS FILHOS PASSAM TEMPO DEMAIS NA FRENTE DO COMPUTADOR, PESSOAS QUE SENTEM QUE ESSA FERRAMENTA AUMENTA A ANSIEDADE DEVIDO ÀS CONSTANTES COMPARAÇÕES EM REDES SOCIAIS.

SABER USAR A INTERNET A SEU FAVOR É FUNDAMENTAL PARA GARANTIR NÃO SÓ O SEU SUCESSO COMO TAMBÉM A SUA SAÚDE MENTAL. AQUI, VALE A REGRA DO EQUILÍBRIO: NEM DE MAIS, NEM DE MENOS, MAS NA MEDIDA.

É claro que, como em qualquer ambiente de nossa vida, há o lado positivo e o lado negativo das redes sociais, e, acredite, eu não serei a pessoa que vai ignorar os lados negativos e realçar apenas os positivos. Minha marca é, acima de tudo, a honestidade.

Sabemos que as redes sociais facilitam uma série de ataques que afetam a autoestima e a saúde mental das pessoas. A avalanche de informações que recebemos todos os dias contribui para alcançarmos picos de ansiedade até então pouco vistos. Entretanto, foi por meio da internet que pessoas como Lorrane Silva, conhecida como Pequena Lô, puderam mudar de vida e se tornar relevantes na mídia.

Natural da cidade de Araxá, em Minas Gerais, Pequena Lô usa suas redes sociais para criar vídeos de humor e entretenimento e alertar sobre a causa do capacitismo, por ter nascido com uma síndrome até hoje não identificada e considerada rara. Se não fosse por redes como Instagram e TikTok, dificilmente o Brasil teria a oportunidade de conhecer essa personalidade, que hoje conta com mais de quatro milhões de seguidores em suas redes e foi citada na famosa lista *Forbes Under 30*.

É fácil perceber, então, que essa mesma ferramenta pode ressaltar o lado bom e o lado ruim das pessoas, a depender da forma como a usamos e para o que escolhemos dedicar nosso tempo e nossa atenção. São os dois lados da mesma moeda.

Mas, se o copo está meio cheio e meio vazio, podemos escolher observar a parte cheia por alguns instantes e sentir felicidade em vê-la ali? A metade cheia da internet mudou a vida de muitas pessoas, e não falo aqui somente no âmbito profissional. Se você fizesse um intercâmbio de estudos durante os anos 1980, por exemplo, encontraria enormes dificuldades de conversar com a sua família e mandar notícias suas. As ligações eram caríssimas, e cartas demoravam a chegar. Hoje em dia, você pode sair do avião com uma mala cheia de roupas e sonhos e imediatamente fazer uma ligação em vídeo para mostrar à sua família o seu novo país.

Se você está aqui lendo um livro sobre como influenciar pessoas usando a internet, vou supor que tem um celular, acesso a dados móveis ou wi-fi e uma conta em alguma rede social cujo uso pretende potencializar. Partiremos dessa premissa, está bem?

CAPÍTULO

08

A REVOLUÇÃO COMERCIAL DA INTERNET

ACREDITO QUE VOCÊ JÁ TENHA PERCEBIDO QUANTO AS NOSSAS formas de consumo foram moldadas pela internet nos últimos anos. Se antes assistíamos a comerciais de televisão e pesquisávamos os produtos em revistas, hoje recorremos às redes sociais em primeiro lugar.

E isso não quer dizer que as outras formas de comunicação tenham se tornado obsoletas. Quando muito, elas se somam à internet. Mas duas das principais características dos novos meios de comunicação são a hiperconectividade e a mobilidade. Temos, ao alcance de alguns toques da tela, respostas para quaisquer perguntas que façamos. A instantaneidade na comunicação é uma das principais vantagens da internet.

Pensa comigo: não muito tempo atrás, quando queríamos saber algo sobre um filme ou escolher nosso próximo destino de férias, costumávamos consultar revistas, guias ilustrados ou perguntar a opinião de pessoas próximas a nós, certo? E, embora esses meios de

[MAIS DO QUE SOMENTE TER UMA PRESENÇA ON-LINE, QUEREMOS TER UMA PRESENÇA NOTÁVEL. QUEREMOS QUE NOSSO CONTEÚDO SEJA CONSUMIDO, COMPARTILHADO E COMENTADO DE FORMA POSITIVA. QUEREMOS INFLUENCIAR.]

consulta ainda existam, eles também foram atualizados. O guia ilustrado se tornou algum blog ou site. As revistas são os portais on-line. E agora podemos mandar um WhatsApp para um amigo em vez de perguntar pessoalmente.

Temos, em nossos celulares e computadores, uma potente forma de estabelecer contato com aqueles próximos de nós, mas também com pessoas que, mesmo que não conheçamos pessoalmente, passam a fazer parte da nossa vida de alguma forma e cujas opiniões valorizamos o suficiente para nelas basear nossas escolhas.

Hoje em dia, quando queremos sair com os amigos para um jantar na sexta-feira, vamos procurar pelos restaurantes indicados pelos influenciadores de que gostamos ou verificamos as opiniões deixadas por outras pessoas em plataformas como Google ou Tripadvisor. E, uma vez estando lá, não deixaremos de postar aquela linda foto no story, para engajar bastante. Viu como todo esse processo de decisão tão comum no nosso dia a dia é feito on-line?

Mais do que nunca, nosso consumo passou a ser ligado também a uma entrega de conteúdo que nos aproxima daquele que está tentando vender. Somos mais críticos ao fazer avaliações e pensar nas vantagens e desvantagens de adquirir determinado serviço ou produto. Pense na quantidade de lojas que fizeram reformulações para se tornarem mais instagramáveis a fim de aumentar suas vendas.

E, quando pensamos no poder da internet em relação à influência, é necessário ressaltar que isso não abrange somente os influenciadores. Muitas marcas de grande porte têm redirecionado seu posicionamento on-line, fazendo-se presentes nas principais redes sociais. Seja colaborando com criadores de conteúdo ou gerando conteúdo próprio, essas marcas buscam se aproximar de seus clientes.

Isso acontece também porque estamos cada vez mais conscientes no que se refere às nossas formas de consumo. Buscamos um posicionamento crítico e baseamos nossas opiniões na forma como outros se posicionam em relação a determinados eventos. O acesso constante à informação também nos torna mais criteriosos. Não queremos consumir conteúdo e produtos de quem não acreditamos.

Ainda que o poder de influência não se limite à internet, ele é muito mais potente nela. Partindo do princípio simples de que quem não é visto não é lembrado, a busca por se fazer presente on-line tem se tornado cada vez maior. E mais do que somente ter uma presença on-line, queremos ter uma presença notável. Queremos que nosso conteúdo seja consumido, compartilhado e comentado de forma positiva. Queremos influenciar.

Então, fica fácil perceber que estar presente on-line é essencial para qualquer tipo de negócio, certo? É uma forma de dar visibilidade à sua causa, aumentar as vendas da sua loja, promover o seu trabalho e se tornar conhecida. É o melhor modo de se tornar protagonista da sua história.

CAPÍTULO

09

JÁ NÃO CONSEGUIMOS FICAR SEM NOS CONECTAR

SE TEM ALGO QUE TODOS NÓS APRENDEMOS COM A PANDEMIA de covid-19 é que estar na internet é essencial. Pare para pensar em como foi o seu comportamento dos últimos anos para cá desde o surgimento das redes sociais. A internet provavelmente é a sua fonte número um de pesquisa e aprendizado. Você vê as informações de acordo com o que outras pessoas disponibilizam. Isso significa que, para ser lembrado, é preciso estar on-line.

A popularidade da internet não se aplica somente à forma como a consumimos, mas também a como aprendemos. Lembra-se das enciclopédias? Elas eram a fonte primária de informação para estudantes que precisavam fazer trabalhos escolares. Hoje, pesquisamos sobretudo on-line. E a principal vantagem dessa atitude é que a atualização de informações ocorre muito mais rapidamente.

Se você já assistiu a *Modern Family,* a série da popular rede de televisão ABC, pode ser que se lembre do episódio que vou mencionar agora. Se nunca assistiu, eis uma boa indicação de série que já venceu diversos Emmy e é uma das queridinhas ao redor do mundo.

No quinto episódio da segunda temporada, em um dos núcleos familiares, o da família Dunphy, vemos que a mãe, Claire, está irritada com o fato de que os filhos passam tempo demais em seus celulares e, então, decide propor que todos fiquem uma semana sem internet.

Vemos a dificuldade não somente dos três filhos adolescentes, mas também dos pais, em fazer coisas simples como reservas de passagens para uma viagem ou se informar a respeito dos jogos do final de semana sem poder acessar nenhum site.

A filha do meio, Alex, chega até mesmo a reclamar que um dos trabalhos que fez para a escola estava desatualizado porque, ao consultar uma enciclopédia, acabou por escrever um nome que já tinha caído em desuso para descrever uma das partes componentes das células.

Além de ser uma excelente fonte de entretenimento, esse episódio serve para nos mostrar quanto a internet faz parte do nosso dia a dia, mesmo quando não estamos ativamente pensando nela. Solicitamos que um carro venha nos buscar. Ouvimos música em nossos celulares. Passamos o dia conversando com nossos amigos. Tudo isso graças a aplicativos ligados à internet.

ESTAR FORA DAS REDES NÃO É UMA OPÇÃO

A invenção da internet e das redes modificou até mesmo a forma como procuramos emprego. Antes, entregávamos currículo de porta em porta. Agora, nos cadastramos em sites de vagas ou até mesmo em redes sociais de trabalho, como o LinkedIn. Nossas atitudes e nossos comportamentos são moldados de forma a nos encaixarmos nas tendências lançadas on-line, e por isso é essencial que as pessoas entendam a importância da internet não apenas como entretenimento, mas para a construção de carreiras e perfis profissionais.

Recentemente surgiram profissões que até pouco tempo atrás eram impensáveis. Se voltássemos quinze anos no tempo e falássemos para alguém que um dia seria possível fazer rios de dinheiro postando vídeos em um aplicativo, essa pessoa provavelmente diria que estávamos enlouquecendo. Mas YouTube, Instagram e TikTok estão aí para provar que essa é uma realidade.

Pense, por exemplo, na quantidade de pessoas que hoje são consideradas famosas e que têm seu aparecimento relacionado com perfis em redes sociais. Ademais, essa é uma possibilidade muito mais justa, porque permite que pessoas que talvez não se encaixassem em determinados padrões tenham maior chance de inclusão e sucesso.

E não são só as profissões que surgiram recentemente que podem se beneficiar de uma presença on-line maciça. É possível ver que grandes profissionais de ramos tradicionais têm buscado criar perfis em redes sociais para atrair mais clientes. Há um grande número de advogados, por exemplo, que têm falado de seu trabalho em seus perfis no TikTok e até mesmo feito parceria com outros influenciadores como forma de atrair novas pessoas que queiram utilizar seus serviços.

A PRESENÇA ON-LINE É COMO UM PORTFÓLIO DO SEU TRABALHO, SEJA ELE QUAL FOR.

Um tatuador que exponha as tatuagens que faz em um perfil no Instagram será mais facilmente lembrado do que aquele que não faz propaganda de seu negócio.

Façamos um exercício de visualização: imagine duas designers de unhas. Ambas são excelentes profissionais e inovadoras na hora de criar desenhos novos para agradar clientes, mas a forma como gerenciam o marketing de seus salões é diferente. A primeira possui um perfil no Instagram e um no Pinterest, em que posta as fotos das unhas que faz e também dá dicas para quem quer fortalecê-las e até cuidar delas em casa. A outra, entretanto, aposta apenas na divulgação que seus clientes fazem de seu trabalho, sem ter criado nenhum perfil em redes sociais.

Parece lógico que a primeira profissional atrairá mais clientes, certo? Afinal de contas, ela também conta com a divulgação boca a boca feita por aquelas que frequentam seu salão, mas aposta na divul-

É PRECISO TER
UM PORQUÊ,
UM PROPÓSITO,
UMA MISSÃO.

gação on-line e ativa, buscando virtualmente novos clientes e compartilhando seu trabalho. Ela não depende apenas de que o assunto das unhas surja na conversa de terceiros para ser mencionada.

Tendo isso em mente, é importante lembrar que, no entanto, não bastaria que ela postasse as fotos sem estabelecer diálogo com aqueles que a seguem. É necessário que ela faça com que essas pessoas sejam influenciadas por ela e passem a entender que o melhor caminho para ter as unhas que sempre desejaram é buscando os serviços dela.

CAPÍTULO

10

É PRECISO SABER INFLUENCIAR

SEJA VOCÊ UMA EMPREENDEDORA QUERENDO VENDER MAIS OU uma pessoa em busca da fama, é necessário saber como influenciar as outras pessoas e se tornar mais do que um número. É preciso ter um porquê, um propósito, uma missão.

É muito comum vermos pessoas que criam perfis em redes sociais e logo desistem de continuar alimentando-os com conteúdo porque acreditam que é trabalho demais para pouco retorno. Na maioria dos casos, essas pessoas não sabem como mensurar o retorno que desejam e, por isso, passam a medir seu sucesso a partir das métricas de outras pessoas.

Ao entender que tipo de conteúdo você deseja criar e qual o seu propósito, fica mais fácil não se comparar com outras pessoas e fazer algo que seja único, com seu jeito. Em essência, somos todos influenciadores e influenciados. A diferença é que quem influencia em grande escala pela internet sabe com quem quer falar, como falar e como medir o sucesso do retorno que obtém.

Somos todos constantemente influenciados por outras pessoas. As escolhas de terceiros podem ter grande peso no que decidimos fazer. Esse é o poder da influência, de poder influenciar as escolhas das outras pessoas e fazer com que a sua opinião tenha relevância on-line.

Cada um de nós é dotado de experiências, conhecimentos e habilidades que talvez outras pessoas não tenham e possam aprender com a gente. Pense em quanto o aprendizado já poupou você de outras dores. Buscamos sempre a opinião de outros na hora de tomar decisões. Se antes essa opinião era mais restrita ao nosso grupo familiar e de amigos, hoje temos um banco de dados vasto para basear nossas pesquisas, o que torna o nosso processo de decisão ainda mais único.

Digamos, por exemplo, que você esteja em dúvida sobre um local que deseja visitar nas férias. Por mais que consulte a opinião da sua família, ela pode não ser de grande auxílio se nenhum deles tiver visitado esse local antes. Mas agora você pode pesquisar por vlogs no YouTube, matérias de sites de viagem e até verificar as postagens com aquela localização marcada no Instagram. Todo esse conteúdo está disponível para influenciar você a fazer a escolha certa.

E se, por exemplo, você tiver um influenciador de viagem que costuma acompanhar, levará a opinião dele em consideração na hora de tomar a sua decisão, porque já é influenciado por essa pessoa no seu dia a dia.

E o poder dessa influência não está restrito a determinada faixa etária. Basta analisar o sucesso de Luccas Neto para entender. Fenômeno do público infantil, ele sabe como se comunicar com as crianças e direcionar seu conteúdo para que elas se identifiquem e queiram consumir cada vez mais.

Independentemente da nossa faixa etária, somos sempre influenciados pelas pessoas. Uma criança que vê seus pais passando muito tempo mexendo em determinado livro, por exemplo, pode se sentir mais atraída por esse objeto do que por um dos brinquedos determinados para ela, porque foi influenciada a pegar aquele objeto que pessoas de que ela gosta estão usando.

Da mesma forma, as crianças que assistem com frequência ao canal de Luccas Neto são entretidas por seus vídeos e criam uma relação de confiança com o influenciador digital, que as leva a querer consumir os produtos por ele criados, como peças de teatro, livros e brinquedos.

A relação de proximidade que ele exerce, tanto por sua linguagem quanto pelo apelo visual de seus vídeos, tem um público-alvo definido. Ele sabe com quem e como deve falar, e entende que o conteúdo que cria está conectado às pessoas que o assistem, não a ele mesmo.

CAPÍTULO

11

O DIÁLOGO É NECESSÁRIO

SE VOCÊ CHEGOU À INTERNET QUANDO TUDO ERA MATO, provavelmente se lembra da era em que a criação de conteúdo estava começando a aparecer, na época em que se chamava de blogueira quem de fato tinha blogs. Nesses pequenos diários virtuais, essas meninas e mulheres compartilhavam seus looks do dia, opiniões a respeito de determinados assuntos e produtos de beleza favoritos, por exemplo.

O apelo dessa criação de conteúdo residia no simples fato de que não havia mais ninguém fazendo aquilo, e, dessa forma, adolescentes podiam se identificar com pessoas desconhecidas que passavam pelos mesmos problemas, consumiam os mesmos produtos e ouviam as mesmas músicas. Falar de si mesma era uma forma de atrair pessoas que pensavam parecido.

Mas isso, como eu disse, foi o surgimento da profissão que hoje chamamos de *criador de conteúdo*. As coisas mudaram muito de lá para cá, sobretudo devido à profissionalização do trabalho com redes sociais.

NÃO SE TRATA MAIS DE FALAR DE VOCÊ, E SIM DE CRIAR UMA CONEXÃO REAL COM QUEM TE SEGUE.

Se antes a criação de conteúdo era praticamente um monólogo, hoje ela se transformou em um diálogo. E é necessário que ambas as partes possam falar igualmente para que essa conversa seja estabelecida.

O que acontece é que muitas pessoas, ao tentarem gerar impacto e influenciar outras, acabam se baseando somente em si mesmas e em suas experiências, sem, entretanto, considerar como essas experiências podem afetar os outros. A criação de conteúdo não é só sobre você, mas também sobre as necessidades do outro, o que o outro quer e precisa ouvir. Então, é essencial que você aprenda a entender as dores e as paixões alheias para tornar o conteúdo ainda mais relacionável. Você quer criar uma relação de proximidade com as pessoas.

Se você deseja crescer hoje em dia, precisa ter presença on-line. Pense na quantidade de artistas veteranos da televisão que estão também na internet, tentando buscar um público mais jovem e se aproximar de mais gente. Nem sempre se trata só da informação que você *quer* passar, mas também de como você a *transmite*.

Quando está on-line, você pode dar mais força ao seu negócio e passar mais credibilidade para os seus compradores. E, hoje em dia, estar on-line não significa só ter um site, mas também uma rede social, que te dará muito mais relevância.

> **DICA DA FÁTIMA**
>
> PARA INFLUENCIAR OUTRAS PESSOAS, TEMOS QUE ENTENDER O QUE SE PASSA PELA CABEÇA DELAS. NÃO É SÓ SOBRE CRIAR CONTEÚDO, MAS CRIÁ-LO COM ESTRATÉGIA, FOCADO NAQUILO QUE VOCÊ DESEJA OBTER.

VOCÊ É UMA MARCA

Pense no seu próprio consumo: quanto tempo você passa nas redes sociais? Quanto é influenciada por coisas que vê on-line? A internet te ajudará a conquistar clientes novos e também a conhecer melhor o mercado em que você se encontra, as suas forças e as suas fraquezas.

Estar on-line te permite oferecer uma experiência muito mais completa ao seu consumidor. Você cria vínculos que fazem com que seus clientes se tornem seus fãs, seus amigos. Proporciona experiências.

Podemos analisar a forma como artistas como Luísa Sonza e Pabllo Vittar se posicionam na internet. Grandes fenômenos da música brasileira, são responsáveis pelos maiores hits do país, com shows sempre lotados e alta demanda em programas de televisão, festivais e entrevistas.

Seria de se pensar que artistas de renome como as duas não precisariam se fazer presentes no TikTok ou no Instagram, por exemplo. Com uma excelente equipe de marketing responsável por criar uma linha editorial completa para elas, poderiam se apoiar nos posts criados por outras pessoas e não criar conteúdo por conta própria.

Mas eu garanto que, se você for ao Instagram delas, verá pelo menos um story em que simplesmente conversam com a câmera e contam algo do dia a dia, mostrando a rotina de shows ou os bastidores do sucesso. Por quê?

Porque isso gera proximidade com o público. Ao se fazerem presentes nas redes sociais, participando das trends relacionadas com as próprias músicas e revelando a pessoa por trás da artista, elas conseguem se enquadrar na famosa categoria do "gente como a gente",

[O SONHADO ENGAJAMENTO VEM QUANDO O SEU CONTEÚDO É RELEVANTE O SUFICIENTE PARA QUE SEJA COMPARTILHADO E ALCANCE MAIS E MAIS PESSOAS, E POR AÍ VAI.]

que gera tanta identificação. Tornam-se mais humanas, e, por consequência, as pessoas têm ainda mais vontade de ouvir suas músicas.

Entretanto, entenda que nada disso funciona sem estratégia. As pessoas precisam poder encontrar você e se identificar com o seu conteúdo, o que te trará maior visibilidade e tudo o mais. Mas elas também precisam ver qualidade no que você cria. É necessário agregar algo à vida delas. E é aí que muitas pessoas erram ao tentar se tornar influenciadoras.

Com o planejamento, vem a consistência, a noção do tipo de conteúdo que você deseja criar e quais ferramentas usará para atingir seu objetivo, desde escolher a rede social mais apropriada até entender a frequência de conteúdo, o tipo de linguagem e o quanto da sua vida você deseja compartilhar.

Porque, entenda bem: a ideia não é compartilhar todo e qualquer aspecto da sua vida sem freios. É preciso compartilhar com estratégia. Ao virar criador de conteúdo, você se torna uma máquina.

VOCÊ É A SUA MARCA

O sonhado engajamento vem quando o seu conteúdo é relevante o suficiente para que seja compartilhado e alcance mais e mais pessoas, e por aí vai. É importante que você, ainda que seja criadora de conteúdo, pense em si mesma como uma marca. O que isso significa?

Jeff Bezos, CEO da Amazon, disse que "sua marca pessoal é o que as pessoas dizem sobre você quando você não está na sala". A isso, dá-se o nome de *branding pessoal*, recurso que fará com que você se torne relevante.

Qualquer marca precisa ser gerenciada. Para conquistar espaço e relevância com seu público-alvo, ele precisa se identificar com seu posicionamento, seus princípios e sua forma de expor aquilo que cria. Você é responsável por criar a reputação que a sua marca terá na internet e deve sempre reforçar positivamente os pontos que fazem com que seus seguidores se identifiquem com você.

É a gestão da sua marca que fará com que você entenda com quem quer estabelecer diálogo.

QUEM TENTA FALAR COM TODOS NÃO FALA COM NINGUÉM.

Faça-se presente na vida de outras pessoas para agregar valor àquilo que você constrói e mantenha-se sempre atualizada.

Entrar para o mundo digital significa estar sempre ligada no que está acontecendo. Saiba escolher. Você não tem como criar conteúdo para todos os lugares ao mesmo tempo, principalmente se está começando. Se você é uma empresa que conta com um departamento alocado para tal, pode fazer pesquisa de mercado e entender como criar conteúdo para cada rede. Se não é, precisa entender como priorizar as áreas certas.

Esse é um dos ensinamentos que deste livro, mais à frente. Por enquanto a minha intenção principal é te convencer de que a presença on-line é essencial.

CAPÍTULO 12

AS OPÇÕES SÃO INÚMERAS

TALVEZ UMA DAS COISAS MAIS ASSUSTADORAS EM RELAÇÃO À criação de conteúdo seja o fato de ela ser tão acessível. Se você tem uma conta nas redes sociais e posta conteúdo, está criando algo. As possibilidades são tantas que isso parece nos frear.

Entramos em uma espiral de pensamentos relacionados a qual rede devemos escolher, se devemos escolher apenas uma, sobre qual assunto desejamos falar. É tanto planejamento que, por vezes, se torna difícil sair dessa parte e partir para a ação. E, sendo sincera, vejo uma grande quantidade de pessoas que usa o planejamento como forma de procrastinação.

Entenda que é importante, sim, analisar as suas possibilidades e tomar uma decisão embasada, mas não perca tempo demais buscando a perfeição no momento de planejar. Imagine se, por exemplo, Liza Koshy tivesse esperado o momento ideal para começar a postar conteúdos na sua conta do Vine.

Caso você não conheça a influenciadora ou a rede, trago aqui um pequeno contexto. Vine foi uma rede social que fez muito sucesso entre os anos de sua criação, em 2013, e de seu fim, em 2017. Era conhecida por permitir postar vídeos curtos, de até seis segundos.

Liza começou a postar vídeos na rede desde o primeiro ano de seu surgimento, tornando-se um dos principais nomes dela oriundos. Quando o Vine chegou ao fim, Liza já era conhecida e tinha milhões de seguidores distribuídos entre outras plataformas, como Instagram e YouTube. Seu sucesso foi tanto que ela alcançou patamares mundiais, passando a compor elencos de filmes e seriados.

Se ela tivesse esperado por um momento mais propício para se fazer presente nas redes, pode ser que nunca tivesse começado a criar conteúdo e hoje não fosse famosa mundialmente.

Ainda que você não tenha condições de fazer uma pesquisa de mercado profissional, pode passar alguns minutos no seu celular analisando, como usuário, cada uma das redes para ver com qual mais se identifica. Esse fator, por si só, já deve ser um indicativo de onde você deve estar.

Procure por perfis que produzam conteúdo semelhante ao que você deseja criar. Em que redes eles estão e quais são os pontos de destaque daquilo que fazem?

E, sobretudo, saiba se adaptar às diferentes redes. Bruna Tavares tornou-se famosa no mundo dos influenciadores por meio de seu blog, *Pausa para Feminices*. Durante onze anos, foi um dos blogs mais acessados da internet brasileira e possibilitou que a autora realizasse trabalhos com portais como UOL e *Caras*, além de lançar sua própria linha de cosméticos e maquiagens.

Em janeiro de 2022, o blog chegou ao fim. O canal do YouTube também já não era atualizado havia alguns anos. Bruna concentrou suas forças no Instagram pessoal e no da sua marca de maquiagem. Ela soube analisar as possibilidades a fim de entender onde teria maior retorno com a sua presença.

É claro que, quando você conta com uma equipe especializada, essa decisão parece mais fácil. Mas a verdade é que a maioria das plataformas fornece muitas informações que podem ajudar você a entender melhor qual deve escolher.

USE AS PLATAFORMAS A SEU FAVOR

As plataformas de redes sociais estão cada vez mais completas no que tange às informações fornecidas ao criador de conteúdo a respeito dos seus seguidores, e você pode usar essas informações a seu favor. Para poder influenciar as pessoas on-line, é preciso entender como se conectam e como tomam decisões. Só assim você conseguirá exercer influência sobre elas.

A SUA CREDIBILIDADE SERÁ CONSTRUÍDA POUCO A POUCO E É FUNDAMENTAL PARA QUE O QUE VOCÊ FALA TENHA RESULTADO.

É inegável que a internet traz exposição, mas isso nem sempre é ruim. Temos tal impressão porque vemos muitos artistas reclamarem, já que, infelizmente, há pessoas que são invasivas e desrespeitam a privacidade dos outros.

Lembre-se de que é você quem define os limites do que quer compartilhar com outras pessoas. Você define até onde vai a sua influência.

Influência e persuasão não são a mesma coisa. A persuasão é um dos elementos, uma das formas de influenciar pessoas.

Independentemente de onde estamos, temos que estar dispostas a aprender. Isso significa olhar além do trabalho que fazemos e entender como funcionam outros setores também. Há muitas coisas que podemos aprender num sistema CLT, por exemplo, que podem ser passadas para o empreendedorismo, ajudando a alavancar a nossa carreira. Durante todos os meus anos trabalhando em empresas, pude aprender a me planejar melhor e a lidar com crises de forma a preservar a reputação da marca. Adquiri habilidades de organização que aplico no meu dia a dia e entendi como gerir equipes com sucesso.

Mas, de todas as habilidades que aprendi durante anos trabalhando em empresas, a maior que posso citar é a de acreditar em mim mesma e naquilo que faço. Houve muitas vezes em que fui colocada em situações que poderiam me fazer desacreditar do meu potencial. Optar pelo caminho mais fácil.

No entanto, durante toda a minha trajetória, busquei sempre valorizar aquilo em que eu pensava e acreditava. Tendo meu propósito em mente, tornava-se mais fácil seguir na luta quando era contrariada ou ouvia o famoso "não". Aquilo, para mim, não era resposta. Eu ia atrás do porquê.

Fala-se muito sobre empreendedorismo hoje. E, para estar nesse meio, é importante não desprezarmos a importância do conhecimento e aprendermos cada vez mais sobre nosso negócio e nosso mercado. E é aí que entra a proatividade.

A proatividade sempre foi peça fundamental na minha carreira e na trajetória de qualquer pessoa que tenha como vontade influenciar em massa outras pessoas. Um dos grandes carros-chefes da influência é a produtividade, bem como saber entender a plataforma em que você deseja se fazer presente.

Quando você consegue cativar a sua audiência e fazer com que ela entenda o seu diferencial, não precisa usar de estratégias malucas para fazer com que ela permaneça.

Hoje em dia, tem-se a mania de culpar o algoritmo por tudo. Se seu vídeo não teve o número de curtidas que gostaria, a culpa é do algoritmo. Se o tuíte não foi respondido o suficiente, a culpa é do algoritmo. É sempre mais fácil achar um culpado externo do que analisar o que está errado com aquilo que estamos colocando no mundo.

Mas, se você deseja influenciar pessoas usando a internet, precisa aprender a realizar a autoanálise sem medo. Não somos ensinados a errar e a encarar nossos erros. Desde pequenos, aprendemos somente a vencer. Mas a vida de um influenciador não é feita só de vitórias, tenha consciência disso. Você ouve muitos "nãos" para chegar ao almejado "sim". Passa por muito conteúdo ignorado para chegar na chuva de engajamento. A diferença é que quem sabe de seu propósito e insiste no que quer chega lá.

O algoritmo de qualquer rede social é aperfeiçoado pela forma como consumimos aquele conteúdo. Se eu vejo muito conteúdo de bichinho, aquela rede vai entender que eu gosto daquilo e passará a me entregar mais daquilo, afinal a rede é uma ferramenta social que visa construir relações. Você precisa criar conteúdo que cative e prenda a atenção da sua audiência, e, tendo em mente que qualidade é mais eficiente do que quantidade, a velha regra do menos é mais, muitas vezes, vale aqui.

Mas essa regra também é uma faca de dois gumes, porque isso faz algumas pessoas acreditarem que devem buscar a perfeição. Já digo de antemão que isso não existe. Produzir conteúdo ativamente permite que as pessoas vejam quem você é e qual é o seu diferencial.

DICA DA FÁTIMA

SE BUSCAR PELA PERFEIÇÃO EM TUDO AQUILO QUE PRODUZ, SAIBA QUE NÃO VAI PRODUZIR NADA. NÃO DEIXE ESSA IDEIA FREAR VOCÊ. NÃO TEM PROBLEMA SE O SEU VÍDEO NÃO TIVER A MELHOR EDIÇÃO DO MUNDO OU SE SUA FOTO NÃO ESTIVER PERFEITA EM ENQUADRAMENTO. APRENDA A COLOCAR SUAS IMPERFEIÇÕES TAMBÉM À MOSTRA E A LEMBRAR QUE NÃO É SOBRE VOCÊ. É SOBRE AS PESSOAS QUE SEGUEM VOCÊ.

CAPÍTULO 13

PESSOAS INFLUENCIAM PESSOAS

ESTAMOS LIDANDO COM PESSOAS O TEMPO TODO, E É PRECISO ter isso em mente. Você está lendo este livro porque quer saber como influenciar pessoas usando a internet, não para aprender *hacks* que enganem o algoritmo. E, por falar nisso, vamos mencionar alguns deles.

Há quem diga que postar stories em determinadas horas do dia garante mais visualizações. Há quem afirme que comprar alguns seguidores levará mais pessoas a seguir você, chocadas com seus números. Ou que comprar likes fará seu conteúdo ser mais visto.

Esqueça desde já todas essas possibilidades. Elas são atalhos que somente servirão para jogar descarga abaixo tudo aquilo que você se esforçou para criar.

FOQUE EM PRODUZIR CONTEÚDO DE QUALIDADE, ISSO FARÁ COM QUE PESSOAS DE VERDADE VENHAM ATÉ VOCÊ.

Enquanto a sua mente estiver focada nessa entidade inventada, o seu conteúdo não fará o sucesso que você deseja. É necessário entender *quem* são as pessoas que te seguem, o que elas querem e o que você pode fazer para se tornar autoridade para elas.

Quando tentamos impactar alguém, refletimos sobre o que acreditamos que seja convincente para nós, para as nossas convicções e os nossos objetivos. Mas precisamos também nos lembrar do outro, de suas convicções e objetivos. Isso pode nos ajudar a moldar um discurso para influenciar ou não alguém.

Imagine, por exemplo, que eu queira convencer uma amiga a sair para jantar comigo, mas ela tenha uma prova para fazer. Eu posso chantageá-la e afirmar que ela prefere estudar a ficar comigo. Posso apelar para o emocional e dizer que alguns minutos de descanso fariam bem para ela e que estar comigo também. Posso ainda valorizar a sabedoria dela e dizer que ela nem precisa estudar porque é inteligente, ou então desvalorizar tudo e apontar que, se ela ainda não tinha aprendido o que precisava até aquele momento, com certeza não seria agora que iria aprender.

O resultado poderia ser o mesmo: fazê-la sair para jantar comigo, mas o humor dela seria completamente diferente, e, assim, sua disposição em me ouvir variaria de acordo com a emoção que eu provocasse nela. Para influenciar as pessoas, é preciso entendê-las.

Muitos que desejam começar a criar conteúdo perdem grande parte de seu tempo pensando em como ter o feed perfeito, os stories mais bonitos e outras distrações que são secundárias em relação ao principal, que é o conteúdo. A aparência é um dos meios, mas não o foco daquilo que você precisa apresentar. As pessoas serão influenciadas pelo *conteúdo* que você apresentar a elas.

Basta pensar na quantidade de criadores que atingem milhares de pessoas diariamente por meio de suas contas em redes sociais e não se preocupam em manter o feed bonito, mas sim em se comunicar. O que importa é o conteúdo que criam e a forma como se expressam. Assim, influenciam outras pessoas e fazem com que elas queiram permanecer ali com eles.

Na MYND, por exemplo, temos um contrato que permite que os agenciados saiam a qualquer momento. Não queremos que um artista se sinta preso a nós pelo contrato. Queremos que eles fiquem porque gostam do trabalho que fazemos e se sentem seguros quando cuidamos de suas carreiras. Essa é a chave para que eles não somente permaneçam, mas entendam também a importância da fidelidade sem imposições, que é repassada para seus seguidores. Aquelas pessoas ficam ali porque querem, gostam e se identificam com o nosso trabalho.

Engana-se quem pensa que o que faz a diferença são os números. É a postura.

Você precisa ter vontade de fazer algo autoral e deixar a sua marca. A internet está cheia de mais do mesmo, o mundo está muito cheio disso. As pessoas fazem exatamente as mesmas coisas e reclamam do fato de não obterem resultados. Você tem que deixar a sua marca pessoal na sua empresa, na sua criação de conteúdo, na vida das pessoas. Construa a sua história de modo inovador e transformador, faça o seu projeto ser conhecido pelo mundo.

A inquietude empreendedora deve ser misturada com a busca pelo conhecimento, a sede por informação, por correr atrás do que você quer, sair da apatia. Sem rituais de poder, sem aceitar imposições devido a uma determinada hierarquia. Seja questionadora. Pense grande. Pense diferente, seja você e saiba que não existem atalhos.

Prepare-se para arregaçar as mangas e trabalhar pelo que você quer. Misture conhecimentos de âmbitos diferentes para criar um produto ainda mais diferenciado e entenda profundamente o mercado em que você quer se inserir.

PARA INFLUENCIAR
AS PESSOAS,
É PRECISO
ENTENDÊ-LAS.

CAPÍTULO

14

ESTUDE AS PLATAFORMAS

ORKUT. ICQ. MSN. MIRK. VINE. SNAPCHAT. FACEBOOK. MYSPACE. Google+. Instagram. Twitter. Dubsmash. TikTok. YouTube. LinkedIn.

Essa lista ainda poderia continuar por algum tempo sem que tivéssemos abordado as muitas redes sociais que já existiram e ainda existem. No fim, as redes vêm e vão, ficam as pessoas.

Começar em uma rede específica não significa que você esteja para sempre atrelada a ela. O conteúdo pode ser multiplataforma, ou seja, adaptado para ser utilizado em mais de uma rede ao mesmo tempo, ou você pode escolher migrar para se concentrar em uma única rede ao perceber que ela está mais de acordo com seus objetivos.

Com tantas opções, pode ser difícil escolher aquela que mais condiz com o tipo de conteúdo que você deseja criar. É chegada, então, a hora de aprendermos como funciona cada uma das principais redes sociais. E, quando digo isso, estou falando das quatro grandes que já citei diversas vezes neste livro: Instagram. TikTok. Twitter. YouTube. As formadoras de influenciadores por excelência.

Afinal, se você deseja influenciar as pessoas on-line, precisa entender como estar presente em cada uma dessas plataformas, certo?

ENTENDENDO AS REDES SOCIAIS

Como citado, aqui vamos estudar quatro das principais redes da atualidade: TikTok, Instagram, YouTube e Twitter. Cada uma dessas redes tem seus defensores e seus haters, mas com certeza conta com um grande número de pessoas que está ali influenciando outras.

A criação de conteúdo para cada uma delas funciona de forma diferente, e, ainda que por vezes seja possível adaptar, é importante entender o que o público espera em cada uma delas. Estamos falando de pessoas diferentes ou, por vezes, das mesmas pessoas, mas que assumem posturas diversas ao entrar em cada uma das redes citadas.

Você não precisa estar presente em todas se não fizer sentido para você. E saber como cada uma funciona é a forma mais eficiente de entender em qual rede você precisa estar e qual tipo de conteúdo deverá criar para poder influenciar mais pessoas.

> **Tenha postura crítica para analisar quais são as suas intenções e entender qual rede se encaixa melhor naquilo que você almeja.**

Vale estar presente em mais de uma, é claro, mas dedicando-se a criar bom conteúdo. Por vezes, quando estamos começando, fica mais difícil criar para mais de uma rede. Não queira abraçar o mundo. Saiba analisar onde você deve estar.

O TIKTOK E AS TRENDS

Foi-se o tempo em que o TikTok era uma rede de adolescentes. A plataforma, que conta com mais de 1 bilhão de usuários ativos, viu um crescimento enorme durante o período da pandemia de covid-19, quando teve seu uso ampliado para além da faixa etária predominante.

Ela foi a rede responsável pela introdução de um novo paradigma de criação de vídeos curtos, que foi logo copiado pelo Instagram, no famoso reels, e pelo YouTube, no shorts.

Essa rede de vídeos tem uma interface simples, com a tela principal dividida em duas abas: *Seguindo* e *Para você*. Na aba *Seguindo*, é possível ver o conteúdo criado pelos perfis que você segue. Na aba *Para você*, ou *For You*, tem-se acesso ao conteúdo de qualquer usuário do TikTok. O que pode determinar se o seu vídeo vai ou não aparecer nessa aba e, portanto, ter mais chances de ser visto, é uma combinação das buscas dos usuários, das preferências e das hashtags utilizadas.

O TikTok costuma funcionar por meio das trends e tem muito foco no áudio. É por isso que hoje muitos artistas têm lançado música já combinada com uma dança que faça com que o lançamento viralize na rede. Ela é responsável por colocar muitas músicas no top mundial e reviver hits esquecidos. Preta Gil e Glória Groove, por exemplo, viram o número de streamings de uma música que fizeram juntas aumentar exponencialmente depois de virar trend no TikTok, dois anos após seu lançamento.

Um áudio bombado oferece mais chances de fazer com que seu vídeo seja visto. As principais métricas da rede são visualizações, curtidas, comentários e interações, como duetos com o seu vídeo. A melhor forma de ter um engajamento consistente ali é mantendo uma boa proporção dessas métricas, ou seja, fazendo vídeos que as pessoas vejam e sintam vontade de curtir. As pessoas costumam dar curtidas e seguir outros perfis com maior frequência nessa rede, mas elas também vão embora tão facilmente quanto chegam. É importante manter a consistência e a proximidade para que elas fiquem.

O PODEROSO INSTAGRAM

A principal rede social e carro-chefe da empresa Meta, o Instagram, é, entre todas as plataformas, a mais complexa. Isso porque são muitas as interfaces de criação de conteúdo. Story, reels, vídeo, foto, guias e destaques, são inúmeras as opções para estar em contato com seus seguidores e se tornar relevante. A rede conta com um número intenso de atualizações e também de polêmicas relacionadas a cópias de outras redes, mas não é disso que vamos falar.

Praticamente todo criador de conteúdo presente em outras redes também está no Instagram, que se torna uma das principais ferramentas de busca das pessoas. Procuramos na rede o perfil de determinado restaurante que queremos visitar. Recorremos aos stories para contar novidades e aos posts no feed para nos atualizar de fofocas. Foi-se o tempo em que o Instagram era apenas uma rede de fotos.

O story é a parte de criação de conteúdo que mais permite aproximação entre criador e seguidores. Ali vemos o dia a dia, em vídeos que permanecem on-line por 24 horas. É uma excelente forma de interagir com quem te segue e fazer com que as pessoas sintam que são parte da sua criação de conteúdo por meio das muitas ferramentas da plataforma, como enquetes, caixinhas de perguntas e reações.

O feed comporta tudo, menos os destaques e stories. Ou seja, ali temos reels, fotos e vídeos. O reels é uma ferramenta de uso semelhante ao TikTok, com vídeos curtos e dinâmicos, e costuma ter um alcance maior quando comparado com as demais ferramentas da plataforma. Possui uma aba dedicada somente a ele que se assemelha à *Para você* do TikTok. O *Instagram vídeo* é o antigo IGTV, em que é possível postar vídeos curtos e longos.

Você precisa criar conteúdo para essas diferentes frentes, porque os usuários consomem de forma diversa nessa rede. Tem quem só veja stories, tem quem só veja reels.

As principais métricas são curtir, comentar, salvar e compartilhar. Você também tem dados como alcance e impressões. *Alcance* é um dado que mostra quantas pessoas receberam o conteúdo, *impressões*, quantas vezes ele foi visto, mesmo que pela mesma pessoa. Se eu vir seu vídeo mil vezes, seu alcance será um e as impresões serão mil. Entender essas métricas é fundamental.

YOUTUBE, A NOVA TELEVISÃO

O YouTube é a rede dos vídeos mais longos. Foi ali que originalmente surgiu grande parte dos criadores de conteúdo que temos hoje, e é ali que os artistas lançam seus videoclipes. É uma rede extremamente relevante que permite a monetização do conteúdo quando o número de visualizações total do canal é maior do que 4 mil horas.

Ao contrário do que muitas pessoas dizem, a rede não está defasada e é ainda uma excelente forma de crescer e alcançar pessoas, com a vantagem de que permite, ao mesmo tempo, certa aproximação e certo distanciamento, já que grande parte dos vídeos ali são editados para subir alguns dias após serem gravados.

A rede também funciona como forma de busca de informações e compartilhamento de experiências. É comum procurarmos por vídeos no YouTube antes de tomarmos decisões como mudar de país ou comprar um celular, porque ali a informação é muito mais detalhada.

Recentemente, a rede tirou a contagem de dislikes, considerando a saúde mental dos usuários. As principais métricas tornaram-se o número total de curtidas e de visualizações dos vídeos, mas o like/dislike ainda continua contando como interação que torna o vídeo relevante e, consequentemente, indicado para mais pessoas.

O ÁCIDO TWITTER

O Twitter é como um microblog em que podemos escrever sobre literalmente qualquer coisa. Com uma quantidade máxima de 280 caracteres por tuíte, também podemos mandar mensagens e nos conectar com outras pessoas, compartilhando ideias e opiniões.

Essa rede é extremamente relevante na construção de opinião, e é possível verificar quais tópicos estão sendo mais mencionados em determinado momento ao ver os chamados *Trending Topics*.

Ferramentas como curtir, responder a um tuíte ou retuitar mostram o conteúdo que é considerado relevante. É uma rede para quem busca descobrir informações e se conectar com outras pessoas, sendo relevante também para manter-se antenado a respeito dos principais acontecimentos.

Isso porque é um espaço amplamente utilizado para falar sobre a atualidade, criar memes e respeitar a autenticidade, sem roubar ideias dos outros nem se preocupar em dar créditos. Você pode postar threads explicando sobre determinados assuntos e fazer com que seu conteúdo chegue a mais pessoas.

USE AS FERRAMENTAS COM ESTRATÉGIA

Agora que aprendemos sobre as principais redes, é preciso entender a importância de perder o medo. Ferramentas para a criação de conteúdo não faltam. No celular ou no computador, podemos gravar e editar vídeos e fotos para serem postados, criar legendas, fazer pesquisas e postar. Você precisa explorar as ferramentas que foram dadas pelas redes e também ferramentas extras que permitem guiar a sua criação de conteúdo.

Saiba como utilizar essas informações a seu favor, criando conteúdo relevante que sirva como fonte de influência para aqueles que te seguem.

Para tal, crie uma linha editorial que favoreça a sua visão de como o seu conteúdo deve ser feito. A linha editorial nada mais é do que os valores e a essência do que você deseja criar, com a estratégia que será aplicada de acordo com os resultados desejados.

A linha editorial não é um conceito novo. Jornais e revistas possuem linhas editoriais, que são a forma como esses veículos comunicam as notícias do mundo – desde sua comunicação visual até a linguagem e os assuntos abordados. Considerando isso, algumas notícias são publicadas, outras não, de acordo com a imagem que desejam passar para o leitor.

No mundo da criação de conteúdo, a sua linha editorial serão as temáticas que você abordará no seu perfil. Associada ao calendário editorial, ela lhe permite ter um planejamento completo do que será postado nas suas redes.

A linha editorial definirá os conteúdos que você deseja criar e te dará consistência na criação. É por meio dela que você poderá analisar quais trends fazem sentido para a mensagem que deseja passar. É a forma como a sua marca se comunica.

Para criar a sua linha editorial, você precisa primeiro decidir quais assuntos deseja abordar na sua rede. Quem fala sobre tudo, na verdade, não fala sobre nada. Encontre pontos em comum entre os assuntos que mais te interessam e dê prioridade àqueles que você acha que podem trazer mais retorno na hora de criar conteúdo para as suas redes sociais, seja por interessarem mais ao público, atenderem mais aos seus gostos ou possibilitarem um contato maior com as marcas.

Para definir o seu assunto, você precisa saber o seu objetivo, ou seja, o que você quer ao influenciar as pessoas. Você deseja vender determinado produto? Quer ficar famosa? Seja sincera nos seus objetivos e, a partir disso, alinhe-os com o assunto que mais condiz com eles.

Então, é chegada a hora de definir quem será o seu público e como você se comunicará com ele. Temos então o tom e o estilo da marca. Aqui você buscará compreender que tipo de linguagem deseja usar, qual público busca atrair e também como quer que essas pessoas se sintam, ou seja, que imagem você quer passar e que sensação quer causar com o conteúdo que cria.

Isso contribuirá para que a relação que as pessoas têm com a sua marca seja ainda mais próxima. Há muitas formas diferentes de fazer o planejamento de conteúdo. Você pode utilizar plataformas on-line, como Trello ou Notion, ou um *planner*.

Passe alguns dias pensando nos conteúdos que deseja criar e na forma como pretende chegar aos seus primeiros seguidores, e não tenha medo de mostrar a familiares e amigos que está se tornando influenciadora. Eles serão os primeiros seguidores e apoiadores do conteúdo que você cria.

Mantenha sua essência e seja fiel à mensagem que quer passar.

A profissão de influencer exige dedicação e um profundo conhecimento de si mesma, dos seus seguidores e da plataforma em que você deseja se fazer presente.

PARTE

SUCESSO DENTRO E FORA DAS REDES

CAPÍTULO 15

O QUE É A INFLUÊNCIA

JÁ PERCEBEMOS QUE PESSOAS INFLUENCIAM PESSOAS. MAS, antes de estudarmos com mais afinco como exercer a influência da melhor maneira possível, é necessário entender melhor o que ela de fato significa.

> **Influenciar alguém nada mais é do que fazer com que a sua opinião seja válida para a outra pessoa a ponto de convencê-la a fazer algo.**

Essa ação pode ser feita do ponto de vista positivo ou negativo. Com certeza você já ouviu dizer que alguém era má influência ou boa influência para você. Sob o prisma da influência está a estratégia de comunicação chamada de *persuasão*. Quando influenciamos alguém, persuadimos essa pessoa a fazer determinada coisa ou a pensar de determinado modo.

Pesquisar por técnicas de persuasão não é algo novo, exclusivo da era da internet. Afinal, lidar com pessoas é algo intrínseco à história da humanidade. E, quando tratamos com pessoas, devemos sempre ter em mente que não somos criaturas lógicas. Muitas vezes geridas pela emoção, nos tornamos mais vulneráveis à influência. É claro que a lógica também existe e deve ser levada em consideração, mas ela sozinha não é suficiente para fazer com que tomemos decisões.

A espécie humana não tem a habilidade de reagir a informações de maneira totalmente racional, desprovida de paixão. Mudamos crenças com base naquilo que nos é mais querido. Baseamos nossas opiniões em nossos sentimentos. Dessa forma, quem aprende a entender a lógica e misturá-la com as emoções tem a chave para exercer influência sobre as pessoas.

Existem muitas técnicas diferentes para influenciar pessoas, de acordo com o meio em que você vive, as ferramentas de que dispõe e o seu objetivo final.

Já falamos a respeito disso no capítulo anterior, quando discutimos maneiras diferentes de falar algo e conseguir o resultado que queremos.

Cada pessoa sente e vê o mundo de uma perspectiva específica, de acordo com seu repertório e com as experiências que vive. Isso gera a riqueza de opiniões e posturas que temos e faz com que as pessoas se juntem em grupos. Ao compartilharmos essas opiniões e experiências com aqueles que consideramos semelhantes a nós, geramos maior grau de identificação. É por isso, por exemplo, que determinado influencer pode ter apelo com um público específico e não com outro.

É comum ouvirmos pessoas dizerem que simplesmente não entendem o apelo que determinada personalidade exerce com seu conteúdo na internet. Geralmente, em tom de desdém, zombam de quem consome tal conteúdo, colocando-se um degrau acima desse grupo. Mas o que essas pessoas têm dificuldade de entender é que não são o público-alvo desse influenciador, e por isso seu apelo não funciona para elas.

O que consideram uma falha de comunicação é, na verdade, um testemunho da estratégia do criador de conteúdo, que soube direcionar sua fala para o público correto, mantendo seu apelo àqueles que lhe interessam. Comunicando-se com aqueles que sabe que se identificarão com ele.

SOMOS TODOS FORMADORES DE OPINIÃO

Somos influenciados pelo que acontece ao nosso redor e também pelas informações que recebemos diariamente. Pense na quantidade de vezes em que você viu determinada situação acontecendo e formou uma opinião, mas, ao ler mais e entrar em contato com o que outras pessoas achavam, mudou de postura a respeito desse fato.

Costumamos pensar que apenas grandes veículos da mídia, grandes influenciadores ou jornais podem ser formadores de opinião. Eles são formadores de opinião em massa, mas todos nós influenciamos e formamos opiniões com base no meio em que estamos inseridos.

Houve um tempo, por exemplo, em que as mochilas da marca Kipling eram uma verdadeira moda entre adolescentes. Era difícil ir a uma escola de classe média ou média alta e não encontrar diversas dessas mochilas em cores variadas. Uma influenciava a outra a consumir aquele produto, fosse pela ostentação da mochila ou por emitir opiniões favoráveis a respeito dela, o que servia para convencer as amigas de que era boa e deveria ser comprada.

Isso ocorre até os dias de hoje. Se uma amiga próxima te indica um livro que diz ter mudado a vida dela ou comenta sobre um novo chocolate que parece um pedaço do céu, você pode se sentir tentada a experimentar, certo? A sua amiga exerce influência sobre você pelos mesmos motivos que os influenciadores na internet o fazem. Você confia na opinião dela, sente uma relação de proximidade e acredita que ela não te indicaria algo que não fosse bom para você. É nessa sensação que temos que nos espelhar se queremos exercer influência em grande escala nas principais redes sociais.

Vemos com certa frequência determinado cosmético ganhar o coração de influenciadoras de beleza e, assim, ser amplamente divulgado e comprado por seus seguidores.

Recentemente tornou-se moda usar delineados coloridos e com desenhos diferenciados. Bastava abrir os stories para ver meninas mostrando os produtos de maquiagem que usavam para obter aquele resultado e fazendo tutoriais para quem quisesse fazer também. Assim surgem tendências que podem englobar também produtos de outros setores, como livros, roupas, comida etc.

Ao indicar esse produto, o influenciador dá seu endosso à marca, associando-se a ela e mostrando a seus seguidores qual o diferencial de usar aquele artigo específico. Mais pessoas começam a usar e a recomendar, e cria-se uma espécie de rede de divulgação.

Os criadores de conteúdo da internet são amplamente responsáveis por criar algumas das principais tendências de moda e música nos dias de hoje. Uma música que viraliza no TikTok tem muito mais chances de alcançar números expressivos de streamings nas principais plataformas.

CAPÍTULO

16

NÃO É SÓ SOBRE VOCÊ

AO MESMO TEMPO QUE AS DIFERENÇAS DE OPINIÃO SE MANIFESTAM para influenciar a forma como pensamos, queremos manter nossa individualidade. Somos seres complexos, e por isso influenciar alguém significa entender o modo de pensar do seu público, saber o que o agrada e desagrada e criar conteúdo focado em trazer soluções para os problemas dele.

É aí que muitos criadores de conteúdo acabam pecando, ao criarem conteúdo que tem como foco principal apenas o que querem, sem uma pesquisa que busque trazer maior entendimento sobre seu público, seus gostos e suas vontades. Lembre sempre que quem deixa a curtida no seu post é o seu seguidor e, para ele fazê-lo, o post precisa agradar. Quem escolhe a sua loja entre tantas outras disponíveis na internet é quem se identifica com seus valores e seus propósitos. Não é só sobre você.

Basta prestar atenção para perceber que o seu público te diz constantemente o que quer e do que gosta, quais conteúdos agra-

É CLARO QUE VOCÊ TEM QUE GOSTAR DO QUE FAZ, MAS É PRECISO SER RELEVANTE.

dam e quais não são tão pertinentes. É para isso que servem comentários e mensagens diretas e, no caso do Instagram, a caixinha de perguntas. Use esses recursos para se comunicar com as pessoas que te seguem e lembre-se sempre de que você está criando conteúdo para elas, e não para você.

A principal forma de influenciar pessoas é de fato entendendo como seu público em específico vê o mundo e, assim, mostrar a mensagem da forma mais congruente com o que ele quer, adaptando também a linguagem. Não adianta ter um linguajar chique para falar com adolescentes. Não é efetivo usar gírias para se comunicar com idosos. A linguagem boa é aquela que se adequa ao público.

O fenômeno do *Big Brother Brasil* 2021, Gilberto Nogueira, mais conhecido como Gil do Vigor, é um exemplo vivo da importância da linguagem. Com formação na área de Economia e um currículo universitário invejável, Gil poderia se utilizar de jargões extremamente técnicos ao explicar o atual cenário econômico do Brasil. Ele, entretanto, busca trazer os bordões pelos quais ficou famoso e explicar de forma simples para que seu público possa compreender. Seu objetivo é a democratização do debate sobre economia. Adiantaria, então, usar palavras extremamente difíceis?

O humorista mineiro Esse Menino também tem uma linguagem muito característica com seu humor ácido, que faz com que seus vídeos sejam amplamente compartilhados e alcancem cada vez mais pessoas. Como bom ator, ele se entrega ao papel dos personagens que representa, adaptando-se a cada vídeo e cativando aqueles que o seguem. Dessa forma, ele consegue passar sua mensagem com eficiência.

QUAL É A SUA MENSAGEM?

É essencial entender que você só pode influenciar as pessoas se elas estão ouvindo você, ou seja, se a sua mensagem é clara. Capte a atenção do seu público por meio do conteúdo que você cria e faça com que ele preste atenção naquilo que você tem a dizer. Lembre-se de que há muitas pessoas espalhando suas mensagens pela internet. Para que o público se identifique com você e permaneça, é preciso criar essa interação que gera proximidade. Foi-se a época em que in-

> ### DICA DA FÁTIMA
>
> O QUE IMPORTA É TAMBÉM A FORMA COMO VOCÊ ENTREGA SUA MENSAGEM. E, NO CASO DAS REDES SOCIAIS, AS COISAS ESTÃO CADA VEZ MAIS RÁPIDAS E INTERATIVAS. VOCÊ PREFERE APRENDER SOBRE OS RECURSOS NOVOS DO SEU CELULAR NUMA MATÉRIA LONGA E CHATA DE JORNAL OU POR MEIO DE UM REELS SUPERCRIATIVO E RÁPIDO?

fluenciar significava estar na televisão. As pessoas querem se comunicar com humanos, pessoas que são pessoas. Pessoas se conectam e se influenciam por pessoas. Você precisa sentir que está em sintonia com seu público, com seus clientes e com aqueles que deseja influenciar.

Além de tudo, vivemos na era da informação e da hiperconectividade. As pessoas acessam as redes sociais a todo instante e estão sempre em busca de se informar, de expressar suas opiniões. Com isso, tem-se um número cada vez maior de pessoas tentando passar sua mensagem adiante por meio da criação de conteúdo. Pode até parecer que é impossível se destacar entre tantos outros, mas tudo vai depender do modo como você fala.

Isso também serve para as pessoas do mundo da música. Pegue grandes artistas brasileiros e veja como eles estão cada vez mais presentes no mundo on-line. Fazem tuítes engraçados. Publicam stories no Instagram. Arriscam dancinhas no TikTok. Tudo isso gera conexão, e, não se engane, é tudo calculado e faz parte da estratégia. Essas pessoas têm plena consciência do que é bom ou não para a imagem delas. E com certeza escolhem fazer aquilo que se torna mais produtivo para a imagem que desejam alavancar on-line. Elas constroem uma rede, uma comunidade de pessoas que se identificam com elas e deixam mensagens do tipo "gente como a gente", ganhando o apoio de fãs que passam a defendê-las.

Tendo isso em mente, conscientize-se desde o primeiro instante da importância de trabalhar a imagem que você deseja passar ao seu público e a forma como deseja construí-la. Influenciar pessoas em massa na internet é um trabalho que demanda dedicação, e é preciso pensar grande desde o começo. Não deixe para pensar em planejamento quando você começar a crescer: tenha seu plano, tenha em mente o objetivo que quer alcançar, como e por que quer influenciar pessoas. A influência é também a sua forma de estar presente no mundo.

Pense, por exemplo, na viralização de conteúdo com que as pessoas tanto sonham. Já percebeu que há uma grande quantidade de pessoas que têm vídeos viralizados e logo depois caem no esquecimento? Isso acontece porque, apesar de um vídeo em específico ter alcançado um grande número de pessoas, o criador do conteúdo não teve estratégia de manutenção, não soube prender essas pessoas a ponto de fazer com que ficassem e se tornassem seguidores fiéis.

Isso acontece também no cenário musical. Quantos artistas você viu fazerem um sucesso estrondoso com uma única música e depois desaparecerem? Nenhuma influência é duradoura se não houver planejamento e estratégia por trás.

CAPÍTULO

17

ESTUDANDO A INFLUÊNCIA A FUNDO

FALAMOS BASTANTE SOBRE INFLUENCIADORES E CRIADORES DE conteúdo, mas é importante fazer a distinção entre ambos. Todos influenciamos pessoas de uma forma ou de outra. O criador de conteúdo de fato cria um conteúdo que agrega, que entrega alguma coisa para as pessoas. Você precisa entender qual desses você quer ser. O criador de conteúdo é influenciador, mas o influenciador não necessariamente é criador de conteúdo.

Para entender melhor a questão da influência, precisamos analisá-la mais a fundo. Estudiosos que pesquisam a respeito da influência costumam dizer que ela está relacionada a três campos diferentes, chamados de ethos, páthos e logos.

CONSTRUINDO CREDIBILIDADE: O ETHOS

O ethos estaria relacionado com a sua credibilidade, ou seja, a sua reputação. Se você tem uma boa reputação, as pessoas têm uma tendência maior a acreditar no que você diz e comprar o que você indica ou seguir seus conselhos. Na internet, essa reputação é construída por meio da consistência do conteúdo e da construção de autoridade.

Muitas pessoas acreditam que ter um assunto principal, ou seja, um nicho, é limitar o conteúdo. Na verdade, esse é um passo essencial para a construção de autoridade. Falar de uma coisa específica ajuda a ampliar seu leque de opções de pessoas querendo saber de você. Se você fala de um assunto específico, torna-se uma autoridade naquele assunto, e as pessoas passam a acreditar ainda mais naquilo que você diz e faz, levando sua opinião em consideração. Se você fala de muitas coisas ao mesmo tempo, acaba não construindo essa credibilidade.

Eu não posso, por exemplo, querer ficar famosa por ser especialista em matemática, geografia, engenharia, português, inglês, medicina, arquitetura e comunicação, tudo ao mesmo tempo. As pessoas terão a impressão de que tenho um vago conhecimento sobre essas áreas, mas não me verão como especialista em nada, o que significa que, quando pensarem em determinado assunto, logo virá à cabeça um influenciador que têm como foco esse tema, e não eu.

Agora, se eu me especializo em um assunto e busco conhecimento que possa embasá-lo, aumento ainda mais minha credibilidade naquela área e passo a ser vista como uma pessoa de influência porque sei do que estou falando. Foi o que fiz com o jornalismo e depois a psicologia voltada para a área de entendimento das pessoas, e então a comunicação.

Para exemplificar: digamos que, como criador de conteúdo, você tenha como clientes dois influenciadores. Um deles é conhecido por falar com frequência sobre carros, explicando os diferentes tipos de veículo e fazendo resenhas. O outro influenciador não tem um assunto específico e a cada dia aborda tópicos completamente distintos em seus posts. Quem você acha que teria maior credibilidade para fazer uma publicidade com uma marca de carro?

É importante ressaltar que, no caso específico do Instagram, temos uma plataforma com multiplicidade de áreas para criação de conteúdo. Quando falamos de construção de autoridade, devemos pensar sobretudo nos posts que vão para o seu feed, sejam eles vídeos, reels ou fotos. Os stories são uma área mais abrangente, em que você aborda um pouco mais os bastidores e o seu dia a dia.

Isso não quer dizer que, ao escolher um assunto sobre o qual vai falar, você tenha que se limitar completamente em relação a seus outros interesses. Contudo, a primeira parte e mais essencial para a construção da influência na internet é colocar-se como autoridade a respeito de determinado assunto. Saber do que você quer falar também é uma forma de concentrar a criação de conteúdo e ter mais ideias.

Pense no modo como as próprias redes sociais constroem sua autoridade. Quando pensamos em vídeos longos que permitem maior aprendizado, recorremos ao YouTube. Quando queremos entretenimento com vídeos rápidos, podemos ir ao TikTok.

O Instagram surgiu como uma rede em que as pessoas podiam colocar suas fotos, sendo reconhecida dessa maneira. A plataforma passou por uma série de mudanças ao longo dos anos, incorporando conteúdos em vídeo, mas sem perder sua ligação com a essência das fotos. Ainda vemos fotos ali, e a rede continua sendo uma autoridade no assunto.

AGINDO COM A EMOÇÃO: O PÁTHOS

Voltando aos campos da influência, temos em segundo lugar o páthos, que se relaciona com o que a pessoa está sentindo. Você provavelmente já teve a experiência de começar a seguir alguém em alguma rede social e, depois de um tempo, perceber que não se identifica com aquela pessoa e parar de segui-la. Mas, certo tempo depois, você sente falta daquele conteúdo e vai de novo seguir a pessoa. Nesse caso, você está agindo de acordo com o seu páthos, ou seja, com a sua emoção.

E isso é algo que fazemos o tempo todo. A emoção desempenha enorme papel nas nossas tomadas de decisão, mesmo aquelas que parecem mais pautadas na lógica. É quase impossível dissociar completamente a emoção e agir somente pela lógica. E um bom criador de conteúdo sabe usar essa característica humana a seu favor.

Causar reações que apelem para o lado emocional do seu público fará com que ele se identifique mais com você e aceite as ideias que você tem para passar. Pensemos, por exemplo, em uma sala de cinema em que se assiste a um filme de ação. A cena decorre normalmente, e de repente tem-se uma explosão na tela. A reação quase majoritária na sala será a de se assustar e receber uma carga de adrenalina no cérebro. Isso causa uma forte carga emocional.

Nossos cérebros agem de forma parecida quando determinadas emoções são provocadas. Ficamos tristes ao ver um cachorrinho abandonado. Ficamos alegres ao ver um vídeo de reencontro de familiares. E, ao sentirmos essas emoções, somos impulsionados a compartilhar tais conteúdos para que outras pessoas também possam senti-las, e assim nos tornamos mais propensos a prestar atenção na pessoa que nos causou aquela emoção, ouvindo o que ela tem a dizer.

A emoção que você provoca no seu público determinará a forma como ele reagirá ao seu conteúdo e aceitará sua influência.

Digamos, por exemplo, que eu queira convencer você a comprar alguns docinhos que eu vendo. Eu posso postar as fotos dos docinhos sem falar mais nada, ou posso fazer um vídeo que provoque a sensação de vontade ou gula em você para que meus docinhos se tornem ainda mais atraentes.

Se eu quiser persuadir você a doar dinheiro para determinada causa, será mais eficiente contar histórias relacionadas à causa e compartilhar imagens do que simplesmente colocar um link para doação. Ao gravar um vídeo de publicidade, posso ter um engajamento maior se inserir uma legenda que converse com meu público do que se somente pedir que as pessoas curtam.

Trabalhamos com a emoção das pessoas o tempo todo. As antigas e mais bem-sucedidas propagandas de televisão provocavam sentimentos diferentes, fossem de amor, de raiva, de cobiça. As novelas fazem a mesma coisa com seu conteúdo, bem como livros e filmes. E não é diferente com o conteúdo criado na internet. Podemos estimular emoções que façam as pessoas rirem e as tornem mais propensas a compartilhar nosso conteúdo, a fim de provocar riso em outras pessoas. Também podemos compartilhar uma notícia que cause indignação e gere comentários. Ativar as emoções das pessoas é uma das formas mais eficientes de fazer com que elas interajam e sejam influenciadas por aquilo que é dito. Mas não é só isso.

Quando queremos influenciar pessoas, temos que prestar atenção na emoção delas, no que elas parecem estar sentindo quando consomem nosso conteúdo. Se uma pessoa está mais irritada, tem menos propensão a consumir o conteúdo de alguém. E como se faz isso na internet, onde você não tem uma câmera olhando para as pessoas para saber como elas estão se sentindo?

A forma mais simples é usando seu conteúdo para construir esse humor. Pense sempre na reação que você deseja provocar com aquele conteúdo que você vai produzir. Essa é a melhor maneira de se conectar com as pessoas e se tornar relevante, fazendo com que sempre se lembrem de você, do seu conteúdo e da sensação que você causa nelas.

O PODER DA LÓGICA: O LOGOS

Por fim, temos o logos, que é a razão, a lógica com a qual você está pensando. Se você apresenta um argumento lógico e convincente, as pessoas podem ficar mais tentadas a acreditar em você e em te colocar na posição de autoridade, porque acreditam naquilo que você está dizendo e entendem o pensamento por trás do seu discurso.

Mas cuidado: como sempre, é importante analisar a forma como você passa seu conhecimento adiante. Pense, por exemplo, em uma discussão entre duas amigas. Ainda que uma esteja certa e a outra errada, a conversa não irá adiante se a mensagem for passada de modo soberbo. É importante entender o tom de conversa para poder influenciar as pessoas a fazer o que você quer.

Em muitos casos, apresentar informações que sejam contrárias àquilo que as pessoas pensam fará com que elas passem o tempo buscando argumentos para refutar o que foi dito. Então, quando for se utilizar da lógica, lembre-se sempre de suavizar o seu discurso. Isso fideliza e influencia seu público por meio da identificação.

Dentre os campos da influência, a lógica é a menos passível de funcionar sozinha. A melhor forma de usá-la é atrelando-a à emoção.

Pense na quantidade de fake news que vemos por aí e podem ser rebatidas com argumentos lógicos. Por que elas continuam circulando? Muitas dessas notícias falsas são criadas de modo a ter impacto na emoção das pessoas. Assim, ainda que uma diversidade de argumentos lógicos seja apresentada, fake news continuam vigorando. A forma de combatê-las é aplicando a lógica e a emoção na raiz do argumento falso e desmantelando as preocupações geralmente atreladas a essas notícias. Quando você tem domínio da emoção e da lógica das pessoas, consegue influenciá-las com mais competência.

CAPÍTULO

18

UNA A CREDIBILIDADE, A EMOÇÃO E A LÓGICA

COMO DEU PARA PERCEBER, A INFLUÊNCIA EXERCIDA DE FORMA mais consistente é aquela que mistura estes três campos: a credibilidade, a emoção e a lógica. Parece algo complicado de ser feito, mas na verdade é bastante simples.

Esse equilíbrio dos três campos não é nada novo. Fazemos isso no nosso dia a dia, mesmo quando não prestamos atenção. Ao discutir um ponto delicado com um familiar, podemos apelar para o emocional a fim de convencê-lo. Usamos a lógica para convencer uma amiga de que voltar com o ex-namorado pode não ser a melhor opção. Damos opiniões sobre determinados assuntos de acordo com a credibilidade a nós atribuída. Mas, para que você entenda como esses conceitos podem ser aplicados no ramo da influência, darei aqui alguns exemplos.

Em março de 2021, foi anunciada a gravidez da dançarina Lorena Improta. Esse anúncio foi feito por meio dos perfis de entretenimento geridos no Instagram pela MYND em parceria com uma marca de chocolates. Mexemos com a emoção das pessoas, com a credibilidade

> **DICA DA FÁTIMA**
>
> A INFLUÊNCIA DEVE SER EXERCIDA DE MODO CONSCIENTE E ATIVO. VOCÊ PRECISA ENTENDER COMO QUER INFLUENCIAR PARA PODER FAZÊ-LO. E, AINDA QUE SEJA IMPORTANTE SER VOCÊ MESMA NA INTERNET, ISSO NÃO SIGNIFICA NECESSARIAMENTE MOSTRAR TODOS OS ASPECTOS DA SUA VIDA. A ESTRATÉGIA POR TRÁS DO SEU PERFIL DETERMINARÁ O QUE DEVE SER MOSTRADO OU NÃO.

de perfis que sempre entregam os furos de reportagem, e trouxemos a lógica de um casal junto há muito tempo decidir dar um passo adiante e ter filhos. A campanha foi um sucesso que impactou mais de 30 milhões de pessoas em dois dias.

Géssica Kayane, a Gkay, possui forte credibilidade no ramo de entretenimento, contando com milhões de seguidores engajados que acompanham a influenciadora em tudo o que faz. Constantemente mencionada nas redes sociais, Gkay sabe o que é o cancelamento que a internet pode proporcionar, mas não se abala. Utiliza-se da lógica para rebater argumentos supérfluos de pessoas que tentam diminuí-la e arma-se da emoção para se comunicar com seus fãs e causar sensações diversas. Ela faz rir. Faz chorar. Faz pensar. Ela sabe como passar sua mensagem e se fazer ouvida.

Thelma Assis, vencedora do BBB 2020, foi excelente em usar os três campos da influência dentro e fora da casa. Soube usar da lógica para participar das discussões e colocar sua opinião e causou reações variadas, fossem as risadas ao vê-la ser Inimiga do Fim nas festas ou a emoção quando se consagrou campeã. Thelma tinha poucos seguidores ao entrar na casa, mas rapidamente se tornou a influenciadora que hoje conhecemos, mantendo intacta sua credibilidade como profissional da saúde e ganhando espaço em várias mídias como especialista nesse ramo.

Até mesmo perfis de criadores de conteúdo sem rosto são capazes de transitar pelos três campos e tornar-se autoridade naquilo que fazem. Ou vai me dizer que você nunca entrou no perfil do Sou Eu na Vida à procura de um meme? Com mais de 17 milhões de seguidores, o perfil criado por Fábio Santanna é um dos mais reconhecidos na área de humor.

E é exatamente sobre isso que falaremos nas próximas páginas. Discutiremos as personas digitais, tanto da sua marca quanto dos seus seguidores, para que você entenda esse conceito de uma vez por todas e saiba exatamente como criar a persona que a tornará uma influenciadora de sucesso.

PARTE 04

AO INFINITO
E ALÉM

CAPÍTULO

19

AS PERSONAS DIGITAIS

PODE SER QUE VOCÊ JÁ TENHA OUVIDO O TERMO *PERSONA digital*, mas não saiba direito o que ele significa nem por que deve se preocupar com ele. São muitos os conteúdos criados para ajudar a identificar a sua persona e relacionar essa identificação com o sucesso da influência on-line. Mas, antes de começar a procurar a sua persona, é preciso que você entenda esse conceito tão divulgado.

Sempre que lidamos com pessoas, é importante buscar compreender mais a respeito delas. Descobrir o que buscam, o que fazem e como o fazem. É por meio desse conhecimento que podemos direcionar o nosso conteúdo para torná-lo ainda mais atraente para o público que buscamos.

E, ao mesmo tempo, precisamos definir qual versão de nós mesmas queremos mostrar. Veja bem: eu não estou dizendo que devemos criar uma personalidade nova para ser mostrada em nossas redes sociais, mas que podemos escolher o que queremos mostrar e o que queremos esconder.

Somos compostos por uma mistura de personalidades, que regem como nos comportamos mediante determinadas situações. Você com certeza não fala com a sua avó da mesma forma que falaria com suas amigas mais próximas, certo? É a adequação do discurso ao público. E isso ocorre também com os nossos aspectos de personalidade. Você precisa ser 100% você, mas não necessariamente precisa mostrar 100% do que é. Ou seja, é importante ser verdadeira nas suas ações, mas não entenda que, com isso, deva mostrar cada aspecto da sua vida. A sua privacidade será determinada pelo tanto que você escolher revelar ou não.

E, assim, precisamos entender melhor o conceito de persona digital, que nos permitirá analisar os detalhes referentes àqueles com quem falamos e também a nós mesmas.

A PERSONA DIGITAL: COMO IDENTIFICÁ-LA?

Mais do que saber com quem você está falando ao ter presença on-line, também é preciso levar em consideração como você se posiciona. Sua linguagem será fundamental para atrair e fidelizar o público que deseja. No marketing digital, é chamado de persona aquele consumidor ideal, a pessoa a quem você pensa em dirigir o conteúdo. Aqui, para além desse conceito, falaremos também de persona como a sua personalidade quando estiver criando para a internet.

Pense comigo: se o Maurício de Sousa repentinamente mudasse a linguagem dos famosos quadrinhos da Turma da Mônica, deixando-a mais adulta e erudita, as crianças não seriam tão atraídas a lê-los, simplesmente porque não entenderiam mais os diálogos. Ao criar seus personagens, Maurício fez uma análise do tipo de desenho que seria ideal para as crianças e também da linguagem que permitiria que elas entendessem e que faria com que se identificassem. E, assim, ele foi (e ainda é) capaz de exercer sua influência de forma satisfatória durante décadas.

Ao mesmo tempo, quando percebeu que o público que inicialmente consumia seus gibis estava crescendo, o cartunista sentiu a necessidade de adaptar também seus personagens. Decidiu-se por criar a Turma da Mônica Jovem, que trouxe uma evolução da linguagem dos quadrinhos infantis para o público que havia crescido. Isso permitiu que víssemos a mesma turma que acompanhamos durante a nossa infância em outros momentos de suas vidas, tendo experiências diversas que se aproximavam mais daquelas que o público adolescente e jovem adulto estava vivenciando. Por meio da linguagem de seus gibis, filmes e brinquedos, Maurício consegue se comunicar com públicos diferentes.

E, assim como nos famosos quadrinhos, faz-se presente na criação de conteúdo a relação de causa e consequência. Postamos determinado vídeo porque queremos atingir um resultado específico. Ao tratar a influência on-line como um trabalho, é necessário entender que há um significado por trás de cada postagem, ligado à sua linha editorial.

CAPÍTULO

20

NADA É POR ACASO NA CRIAÇÃO DE CONTEÚDO

É COMUM VERMOS PESSOAS MENCIONANDO DETERMINADOS criadores de conteúdo de forma pejorativa, dizendo que eles não devem ser daquele jeito na vida real. Isso porque muitos entendem a criação de uma persona digital como camuflagem de sua própria personalidade. Não é disso que estamos falando. Você pode e deve ser você mesma, mas, ao mesmo tempo, precisa de uma postura estratégica. O que exatamente isso quer dizer?

Como mencionei, todos temos muitas personalidades diferentes. Ninguém age da mesma forma o tempo todo. Nossa personalidade também é influenciada pelo lugar em que estamos. Você fica tímida no primeiro dia de aula, você se solta na roda de amigas. A forma como você se mostra e constrói sua imagem na internet refletirá como seus seguidores vão te ver. A maneira como você fala com eles, a linguagem, o tanto da sua vida que você escolhe compartilhar.

Sendo a criação de conteúdo uma profissão, ela exige que você dedique ativamente parte de seu tempo a ela, seja criando roteiros de vídeos, gravando, editando ou postando. Mesmo os stories em redes sociais como Instagram e TikTok não são publicados instantaneamente, o que dá a oportunidade de rever o que foi gravado antes de enviar.

Ainda que pareça que estamos submersos na era do imediatismo, em que tudo deve ser gravado e postado no mesmo momento, a hiperconectividade não deve interferir no seu conteúdo. Grave, analise, verifique se o que foi dito está de acordo com sua linha editorial e só então poste.

Você tem a possibilidade de escolher os aspectos da sua vida que deseja compartilhar na internet de acordo com os resultados que almeja obter de seus seguidores. É possível criar filtros que funcionem a seu favor, selecionando o que você deseja mostrar e delineando sua história para que ela faça sentido com sua carreira pública.

Vemos isso acontecer o tempo todo com pessoas famosas ao optarem, por exemplo, por não revelar uma gravidez ou por fazer um tour pela casa delas para postar no YouTube. Esses conteúdos são pensados e criados com o objetivo de se aproximar do seu público ou de manter a privacidade em determinados momentos.

Pode ser que você tenha visto conteúdos desse tipo e pensado que eles não são planejados, mas acredite: são, sim. Ao fazer um tutorial de maquiagem utilizando poucos itens, Laura Brito, influenciadora com mais de 4 milhões de seguidores, tem como intuito fugir do padrão de tutoriais que contam com maquiagens pesadas e completas, aproximando-se de seus inscritos que têm pouca ou nenhuma habilidade nessa arte e mostrando que, com os poucos itens que possuem, podem também se maquiar. Cada um dos itens utilizados para fazer a maquiagem é pensado de acordo com os produtos que são mais comuns de se ter em casa, e o vídeo se ajusta à linha editorial do canal da youtuber, que costuma criar conteúdos nesse estilo.

O que fica como lição é que, na profissão de influencer, nada é por acaso. Tudo está conectado com a imagem que você deseja que seu público tenha de você e com o conteúdo que você cria.

MOSTRE SEU CAFÉ DA MANHÃ SE VOCÊ QUISER

Nem todo aspecto da sua vida precisa ser mostrado on-line. Quando pensamos nas primeiras blogueiras e influenciadoras digitais que surgiram na internet, automaticamente vêm à nossa mente meninas que compartilhavam variados aspectos de sua vida nos chamados vlogs. Isso porque, nos primórdios da internet, grande parte dessas pessoas não sabia ao certo por que estava fazendo aquilo, e o público também não entendia a melhor forma de interagir e obter as informações que desejava. Era o início de uma nova relação entre artistas e fãs, e, quanto mais a pessoa se mostrasse, melhor era a relação com o público. Pense que, naquela época, o contraponto criado era entre essas influenciadoras e as atrizes de televisão, por exemplo. Por mais que você admirasse o trabalho de Patrícia Pillar, não sabia o que a atriz comia no café da manhã ou para onde costumava viajar.

Raka Minelli, entretanto, está no mundo da internet há bastante tempo. A youtuber carioca posta vídeos em seu canal há mais de dez anos. Analisando seus primeiros vídeos, ainda disponíveis, podemos ver que ela compartilhava informações sobre os produtos de maquiagem baratinhos que comprava, mas também sobre si mesma, por meio de *tags* como a "Fatos sobre mim".

O conteúdo mais simples chamava a atenção exatamente por contrastar com o glamour da televisão. Hoje, sabemos como as diferentes redes sociais funcionam e o propósito de estar presente nelas. Por isso, temos um pensamento muito mais crítico em relação ao que desejamos compartilhar. Em muitas de minhas palestras, ouço desabafos de mulheres que têm interesse em criar conteúdo, mas preocupam-se com a privacidade e a ideia de mostrar aspectos de suas rotinas que desejariam manter privados.

Você não precisa mostrar o seu café da manhã todos os dias nos stories para criar uma relação de proximidade com seu público. Não é necessário expor os valores das compras que você fez, da sua viagem de lazer e os detalhes do seu relacionamento. Analisaremos isso mais a fundo quando falarmos sobre as ferramentas de cada uma

[QUAL MENSAGEM VOCÊ ESTÁ PASSANDO PARA OS SEUS SEGUIDORES EM SEUS POSTS E POR QUE AS PESSOAS DEVEM SEGUIR VOCÊ?]

das redes sociais, mas tenha em mente que a palavra para influenciar pessoas na internet é *estratégia*.

Seu planejamento de conteúdo e seu posicionamento precisam estar alinhados com o seu objetivo enquanto influenciadora. Uma boa forma de entender como essas estratégias funcionam é observando perfis que estão prestes a fazer lançamentos, sejam musicais, de produtos ou de conteúdo. Quando a Lexa está prestes a lançar um novo single, suas redes passam por uma mudança de identidade visual e de linguagem relacionada com o hit que está por vir. O mesmo ocorre com a Gkay ao se aproximar a data da sua famosa Farofa ou em suas publis criativas.

Quando estiver consumindo conteúdo de influenciadores que você admira, tenha ao seu lado papel e caneta e preste atenção na forma como eles constroem seus conteúdos. O que faz você gostar de assistir a determinado vídeo? O que faria diferente?

Consumir com postura ativa é uma importante forma de aprendizado. Você verá que algumas pessoas gostam de compartilhar a vida toda, enquanto outras compartilham só um pouco. É sempre uma escolha sua quanto da sua vida será mostrado para outras pessoas.

Você não precisa maquiar sua vida real, mas deve escolher os trechos que serão mostrados de acordo com a mensagem que deseja passar. É necessário entender que, para estar na internet, você precisa de uma estratégia, e que estratégia vai além do feed bonitinho.

Entenda que é você quem vai escolher o que estará ali e selecionar o que quer mostrar. Você vai ter a oportunidade de contar sua história em primeira mão e mostrar para as pessoas por que você é inspiradora. É como se fossem fazer um filme da sua

> **DICA DA FÁTIMA**
>
> NO *SQUAD* DA MYND, É POSSÍVEL VER ESSA VARIEDADE EM AÇÃO. TEMOS INFLUENCIADORES E ARTISTAS DOS MAIS DIFERENTES ESTILOS. VER OS STORIES DA POLLY OLIVEIRA, POR EXEMPLO, É UMA EXPERIÊNCIA DIVERSA DE CONSUMIR O CONTEÚDO DA PATHY DOS REIS OU DO MATHEUS MAZZAFERA. VOCÊ PODE E DEVE SER VOCÊ MESMA E COMPARTILHAR O QUE ACREDITA QUE SERÁ INTERESSANTE PARA SEUS OBJETIVOS.

vida e você pudesse escolher cada detalhe que estará nas telonas e, assim, criar a imagem da personagem da forma como gostaria que as pessoas a vissem – mas isso, entenda, não quer dizer que você precisa criar uma pessoa que *não existe*.

O que você vai fazer é enfatizar os aspectos que julga mais importantes, selecionar os pontos que deseja mostrar e os que deseja manter longe das redes sociais. Fazemos isso o tempo todo no nosso dia a dia. Pode ser que, em seu grupo de amigas da escola, sua imagem mais forte seja a de uma pessoa engraçada. No grupo do trabalho, consideram-na inteligente e ambiciosa. Na família, você é vista como uma pessoa carinhosa. Essas são todas as versões distintas do que compõe a sua personalidade e as formas como você escolhe demonstrá-la em diferentes situações.

Quando você pensa em ser conhecida, o que vem à sua cabeça, em que tipo de imagem você pensa? Um exercício interessante de fazer para entender a imagem que deseja que as pessoas tenham de você é fingir que está dando uma entrevista em algum programa matutino. Como a apresentadora a descreveria antes de chamá-la ao palco? Quais histórias você contaria e quais deixaria de lado?

É importante mencionar que cada vez mais associa-se também a presença on-line com o chamado cancelamento. Temos medo de ser cancelados, medo de que as pessoas estejam falando mal de nós.

A verdade é que as pessoas sempre vão falar, independentemente do que você faça. Mas isso não deve impedir você de realizar seus sonhos.

CAPÍTULO

21

VOCÊ É O CONTEÚDO QUE VOCÊ PRODUZ

A SUA PERSONA SE REFLETIRÁ NÃO SÓ NA FORMA COMO VOCÊ fala, mas também no tipo de conteúdo que vai criar. Basta entrar nas principais redes, como Instagram, YouTube ou TikTok, para se deparar com uma enorme variedade de conteúdos e as diferentes aparências que eles têm.

Sua imagem é composta pelo que você fala e faz e pelo modo como isso é demonstrado àqueles que te seguem. E isso será essencial para que sua influência funcione de forma duradoura. É comum vermos pessoas influentes que acabam entrando em contradição e caem em desgraça com o público. Manter a coerência entre o que você fala e o que faz é fundamental para que uma influência se mantenha por bastante tempo.

E a maneira mais fácil de manter a coerência é sendo fiel a você e àquilo em que acredita. Ao ser sempre verdadeira, você não terá a necessidade de checar com frequência o que diz a fim de não se contradizer, porque tudo aquilo que você disser será verdadeiro.

Você tem a chance de fazer sua história ser ouvida em plataformas que têm um alcance como nenhuma outra que já existiu. É importante que você seja você mesma, mas saiba como criar um conteúdo estratégico que traga sempre as pessoas para o seu perfil.

Uma boa forma de analisar o que pode ser um conteúdo estratégico para sua mídia social é pensar no que você gosta de consumir nas redes. Assim como os alimentos que consumimos falam muito sobre a forma como cuidamos do nosso corpo, por exemplo, o conteúdo que consumimos é um grande holofote nas nossas preferências.

Ao entrar na rede social em que deseja criar conteúdo e analisar os perfis que costuma consumir com maior frequência, você terá grandes indicativos do que considera interessante ao produzir para a internet. Ainda que essas pessoas não sejam do mesmo nicho, ou seja, não falem do mesmo assunto que você, a maneira como elas se expressam te atrai e faz com que você queira continuar consumindo o que produzem. Analise criticamente por que isso ocorre para entender o que você considera relevante ao passar sua mensagem na internet. Quando você vê do que sente falta nas redes e pensa no que pode ser melhorado e no que faria se estivesse on-line, tem um excelente indicativo do que fazer.

Flay, participante do BBB 2020, é uma personalidade da mídia considerada polêmica. Com frequência, seu nome aparece nos *Trending Topics* do Twitter devido a alguma opinião expressada pela influenciadora, com que as pessoas podem concordar ou não.

E, quer você esteja de acordo com o que ela diz ou não, um fato inegável é que Flayslane é autêntica. Ela vive aquilo que prega, seja dentro ou fora da casa do *Big Brother Brasil*. E essa é uma das características que fazem com que sua legião de fãs se torne cada vez maior.

Renato Shippee, criador da ácida personagem Karen Kardasha, viu sua conta crescer em mais de 1 milhão de seguidores em um mês e meio após a criação. O ator conta que, no início da pandemia, o número de produções artísticas nos Estados Unidos, país onde mora, caiu drasticamente. Ele então aproveitou o tempo livre para navegar na internet e analisar o conteúdo criado por outras pessoas.

Foi assim que percebeu a quantidade de gente que buscava por conselhos amorosos apenas para receber respostas vagas ou suaves demais. Raciocinou que uma personagem que dissesse as verdades que as pessoas não querem ouvir de forma engraçada faria sucesso. E foi exatamente o que aconteceu.

Samira Close, um dos principais nomes entre os *gamers* do Brasil, uniu em seu conteúdo duas coisas que ama: jogar videogame e incorporar a representatividade no universo LGBTQIA+. O que não falta hoje em dia são canais de gamers. Samira, entretanto, foi uma das primeiras e é a principal drag queen em um universo em que predominam criadores de conteúdo homens e heterossexuais.

Esses são três dos muitos casos de pessoas que se tornaram referência devido à sua personalidade e à forma como apresentam um diferencial em relação aos demais em sua área de criação de conteúdo. Não precisa ter medo de ser você mesma.

CAPÍTULO

22

COM QUEM VOCÊ ESTÁ FALANDO?

AGORA QUE JÁ CONVERSAMOS SOBRE AS DIFERENTES FORMAS pelas quais você pode se expressar na internet, está na hora de entender melhor com quem você vai falar. Afinal, se deseja influenciar alguém, precisa saber quem são essas pessoas.

Todas as principais redes sociais em voga no momento contam com mecanismos que permitem que você entenda melhor quem é o seu público. Com informações como gênero, idade, localização e horário em que ficam on-line com maior frequência, essas plataformas buscam tornar o trabalho do criador de conteúdo mais prático ao fazer com que ele entenda com quem está falando.

Lembre-se sempre de que você deve recorrer a essas informações para entender como direcionar melhor seu conteúdo. Há uma infinidade de perfis dedicados a disponibilizar informações como o melhor horário de postagem, mas ele varia de acordo com cada público. O método correto para decidir esses horários é analisando as suas próprias métricas.

Muitas vezes, na verdade, fugir dos horários de pico se torna uma estratégia ainda mais interessante para diminuir a competição. Lembra a época em que, assim que anoitecia, surgiam ao menos cinco lives diferentes? O usuário tinha que escolher a qual gostaria de assistir e, com tantas opções, podia até acabar optando por não assistir a nenhuma.

É comum que, ao trabalhar com marcas, essas informações sejam solicitadas. É por meio delas que o departamento de marketing pode decidir se o seu perfil se enquadra no do público para quem elas direcionam seus produtos, o que permite saber se você é o influenciador adequado para participar de determinada ação.

As informações que as redes sociais te passam dizem respeito ao seu público-alvo, não à sua persona digital. Vamos entender a diferença?

O público-alvo é a forma como definimos um grupo de pessoas com características em comum para as quais vamos direcionar o nosso conteúdo. As informações a respeito desse público são mais genéricas, não levando em conta as características comportamentais e psicológicas.

Já a persona digital é como um personagem fictício baseado em fatos reais, criado com base em informações específicas de seu público, que representa a pessoa que você tem em mente ao criar conteúdo. Ele apresenta mais dados do que o público-alvo.

Assim, por meio das métricas das redes sociais, você tem conhecimento de informações básicas direcionadas ao seu público-alvo. A partir delas, é possível começar a delinear o seu conteúdo. Mas também cabe a você entender ainda mais sobre seus seguidores, utilizando-se dos recursos disponíveis nas redes para conversar com eles. Estabelecer diálogos por meio de perguntas é uma das formas mais eficientes de obter as respostas desejadas e, assim, fazer um planejamento que traga resultados mais satisfatórios.

Digamos que eu queira, por exemplo, influenciar meus seguidores a conhecer a mais nova churrascaria badalada da cidade. Se grande parte deles não consumir carne, não serei tão bem-sucedida quanto gostaria nessa missão, certo? E é para isso que as ferramentas que permitem conversar com o seu público, como a caixa de perguntas do Instagram, as *replies* do Twitter, os comentários do YouTube e as mensagens diretas do TikTok são tão importantes.

Digamos que você esteja falando de viagens pelo Brasil. Seu público ideal será a pessoa que gosta de viajar e pensa em conhecer mais sobre o país, tem curiosidade sobre quais lugares visitar e deseja saber mais sobre gastos. Então, o conteúdo ideal será aquele que unirá todos esses tópicos.

As informações para a criação dessa persona não são fictícias, preste bastante atenção a esse ponto. Elas devem ser sempre baseadas nos dados que você recebe a respeito do seu público de acordo com as interações que promove com eles.

Conheça seu público, entenda suas dores e suas vontades e se encaminhe para onde ele está com maior frequência. Muitos influenciadores migram de plataforma, passando a criar uma quantidade maior de conteúdo na rede em que percebem uma presença mais maciça de seus seguidores.

> **DICA DA FÁTIMA**
>
> LEMBRE: SE ESSAS FERRAMENTAS ESTÃO ALI, DEVEM SER USADAS. A CRIAÇÃO DE CONTEÚDO É FEITA POR MEIO DE UM DIÁLOGO ENTRE VOCÊ E SEU PÚBLICO. É ELE QUE VAI CURTIR SEUS POSTS E IMPULSIONAR SUAS REDES, ENTÃO TENHA SEMPRE EM MENTE A IMPORTÂNCIA DESSA CONVERSA.
>
> É ASSIM QUE VOCÊ PODERÁ ALINHAR O CONTEÚDO QUE CRIA COM SUA LINGUAGEM E AS EXPECTATIVAS DOS SEUS SEGUIDORES, DE FORMA A NÃO FALAR SOZINHA. QUANDO TRATAMOS DE PERSONA EM RELAÇÃO AO SEGUIDOR, ESTAMOS PENSANDO NAQUELE CONSUMIDOR IDEAL DO NOSSO CONTEÚDO.

CAPÍTULO

23

INFLUENCIAR É UMA MOEDA DE TROCA

ESTE TALVEZ SEJA UM DOS TÓPICOS MAIS IMPORTANTES DA relação que você deve criar com seu público.

Não importa sobre o que você fale, se está na internet é porque deseja se comunicar com as pessoas.

Ao postar conteúdo, seus seguidores vão interagir. É essencial que você responda a essas interações.

Acredito que você já tenha visto influenciadores que imploram por curtidas e comentários em seus conteúdos, mas raramente respondem às mensagens diretas de seus seguidores, certo?

As pessoas querem se sentir ouvidas na internet. Você só obterá o engajamento que deseja se tiver reciprocidade na sua relação com seus seguidores. Uma ótima estratégia para criar essa relação é curtindo e comentando o conteúdo de alguns deles, além de criar quadros que permitam mostrar que você interage com quem está diariamente nas suas redes, como postar algumas das respostas engraçadas que já enviou ou repostar conteúdo de algum seguidor. Dessa forma, você poderá se aproximar ainda mais do seu público.

PARTE 05

NETWORKING
DE MILHÕES

CAPÍTULO

24

SEJA VOCÊ MESMA

NINGUÉM SOBREVIVE SENDO UMA PERSONAGEM NA INTERNET. Há muitas threads no Twitter e posts no Instagram que podem comprovar o que estou dizendo. Os famosos *exposed* com frequência trazem textos e mais textos comprovando que determinada pessoa fingiu ser quem não era ou fez algo que vai contra a política que ela prega on-line.

Autenticidade é uma das palavras-chave da criação de conteúdo. Quando mencionamos essa palavra, é comum que ela seja associada a uma personalidade espontânea e extrovertida.

SER AUTÊNTICA NADA MAIS É DO QUE SER VOCÊ MESMA.

Douglas Souza é autêntico. Campeão olímpico, hoje o jogador de vôlei mais seguido do mundo, conquista os fãs com seus vídeos fazendo as danças mais bombadas do momento e nos faz rir mesmo quando não diz nada.

Gabriela Loran também é autêntica. A atriz tem um jeito mais reservado, que condiz com sua personalidade. Sua forma de falar é inspiração para todos que a seguem e consomem seu conteúdo.

Bella Falconi, uma das maiores referências em vida saudável e *lifestyle*, também é autêntica. Comunica-se com seus seguidores por meio de seus vídeos, mostrando a importância de cuidarmos do nosso corpo e da nossa mente.

Você consegue perceber como as três pessoas citadas têm perfis completamente diferentes e, ainda assim, são classificadas como autênticas? Isso ocorre porque a autenticidade não está atrelada a uma forma específica de agir ou de falar. Ela é a capacidade de sermos nós mesmos.

Por isso, uma pergunta que temos que nos fazer é: será que sabemos ser nós mesmos?

VOCÊ SABE SER VOCÊ?

Parece uma pergunta um tanto estranha de ser feita. Para ser você basta existir, certo? Mas não é assim tão fácil. As pessoas têm uma dificuldade enorme em ser elas mesmas. Acreditamos que isso é algo que geralmente ocorre na adolescência, etapa em que estamos formando nossa personalidade e somos mais facilmente influenciáveis pelos estímulos ao nosso redor, quando queremos nos encaixar em determinados grupos. No entanto, mesmo na vida adulta, encontramos dificuldade em ser nós mesmos.

Somos muitas versões diferentes de nós mesmos, e, por vezes, pode ser difícil entender qual dessas versões queremos apresentar para o público sobre o qual desejamos exercer influência. E ressalto novamente: não é fingir ser alguém que você não é, mas exaltar as características que você deseja que sejam louvadas e tirar os holofotes daquelas que não te agradam.

A hiperconectividade torna a tarefa de sermos nós mesmos ainda mais difícil. Somos diariamente influenciados por uma enorme quantidade de informações à nossa disposição assim que acordamos. As redes sociais no celular, os programas de televisão, os livros que lemos ou aquela série bombada da Netflix que está todo mundo comentando.

Essas informações acabam por moldar pequenos detalhes da nossa personalidade, como a maneira como falamos ou pensamos em relação a determinados assuntos. É possível ter uma conversa inteira falando as linguagens dos memes, por exemplo, porque os consumimos com frequência e, por conhecê-los, passamos a fazer parte de um grupo com o qual nos identificamos.

A cada instante, nos identificamos ou deixamos de nos identificar com pessoas. E a arte de imitar é algo natural do ser humano. Pense comigo: se assisto à série *Modern Family* – olha ela aqui de novo – e me identifico com a personagem Haley Dunphy, caracterizada por ser uma menina avoada, popular e vaidosa, minha vontade é me tornar mais parecida com ela. Assim, passo a usar roupas mais fashionistas, procuro o toque do celular dela e talvez reparta meu cabelo do mesmo modo que ela faz.

Se, entretanto, eu me identificar com Alex Dunphy, a irmã de Haley, que tem como principais traços o fato de ser uma menina muito inteligente e ávida leitora, pode ser que eu queira ler os mesmos livros que ela cita na série ou entender mais sobre o assunto que a menina estuda.

Vindo para o nosso mundo, basta pensar nos grupos que formamos quando estamos na escola ou até mesmo na vida adulta. Eles são baseados na identificação que temos com determinadas pessoas ou, em alguns casos, na rejeição mútua a uma terceira pessoa.

Temos a tendência de associar essa formação de grupos apenas com os adolescentes, mas a verdade é que o fazemos sempre. Ao começar em um emprego novo, pode ser que você se identifique mais com algumas pessoas e acabe se aproximando delas.

O ser humano tem a necessidade de socializar e de se agrupar. Isso acontece desde os primórdios da humanidade, quando formar grupos garantia maior proteção e uma reserva maior de alimentos. Ainda que hoje não seja necessário caçar para nos alimentarmos, essa tendência ficou. Nos agrupamos também para nos proteger, pois temos o costume de defender aqueles que amamos. E é claro que sofremos influência mais forte das pessoas que fazem parte do nosso grupo.

Você provavelmente conhece um grupo de amigas em que todas agem de forma parecida, se vestem de modo semelhante e compartilham gírias e piadas internas. Esse é um exemplo vivo do poder da influência que exercemos uns em relação aos outros. Se, quando eu era adolescente, essa influência era mais restrita a escola, televisão e livros, hoje ela se torna muito mais palpável e pode nos atingir quando pegamos o celular de manhã para ver alguns stories. Somos constantemente influenciados, e, dessa forma, pode parecer difícil perceber quem somos, quais são nossos gostos e nossas preferências individuais.

Ser você mesma significa definir os seus termos, entendendo o que você valoriza e analisando as características que, juntas, fazem de você uma pessoa única.

Dê atenção a seus pontos fortes e aos fracos, elenque os valores que você considera imensuráveis e entenda quais são suas prioridades. Você é o todo dessas características, e, ao entender quem você é e quais são suas maiores convicções, torna-se mais fácil perceber qual lado seu você quer expor on-line a fim de influenciar as pessoas.

Esse é um princípio válido independentemente do seu objetivo com a influência que deseja exercer. Se você quiser ser uma blogueira, terá valores que considera importantes, causas que defende. Se pretende montar uma loja e vender produtos, terá clientes que deseja que se identifiquem mais com você. Trazer sua autenticidade para o conteúdo que você cria é a forma mais eficiente de ser você e de atrair seus semelhantes.

CAPÍTULO

25

QUEM INFLUENCIA O INFLUENCIADOR?

VAMOS EXPLICITAR ALGO MUITO IMPORTANTE QUE PRECISA SER dito: todo mundo é influenciado, em menor ou maior grau. Até mesmo as pessoas mais poderosas do mundo têm alguém como inspiração, que lhes serviu de influência primária.

Beyoncé é uma das cantoras mais influentes do mundo. Presente no hall de inspirações dos maiores nomes da música na atualidade, é difícil encontrar alguém que não a considere sua musa inspiradora. Até mesmo cantoras consagradas como Claudia Leitte dizem ter a estrela norte-americana como uma de suas maiores ídolas.

Mas Beyoncé também teve influências que a levaram a seguir a carreira musical. Tina Turner e Whitney Houston são algumas dessas inspirações. E, em diversas entrevistas, a celebridade também mencionou Michael Jackson como uma de suas maiores influências musicais. De acordo com ela, foi quando assistiu, ainda criança, a um show do pop star que percebeu que era aquilo que queria fazer para o resto da vida.

SE VOCÊ DESEJA INFLUENCIAR PESSOAS, PRECISA ENTENDER QUE TAMBÉM SOFRE INFLUÊNCIA E QUE COMPARTILHAR ISSO COM QUEM TE SEGUE VAI HUMANIZAR VOCÊ E SEU CONTEÚDO.

Já Michael Jackson, rei do pop e uma das maiores influências musicais que já existiram, também tinha seus ídolos. Em uma entrevista a Oprah Winfrey, o cantor citou James Brown, cantor, compositor e dançarino norte-americano, como uma das pessoas do cenário musical que mais admirava. E, se formos fazer uma pesquisa, veremos que James Brown também tinha ídolos que o levaram a seguir a carreira musical.

O que quero dizer com isso é que há uma tendência, hoje em dia, de esconder as raízes de suas influências, muito conectada com o medo que as pessoas têm de dar crédito às inspirações de suas ideias. A busca por ser original não significa ignorar suas fontes de inspiração, até porque as pessoas percebem a semelhança, e, acredite, não fica bonito em uma thread no Twitter quando comparam trechos de seus videoclipes com os de outros cantores. Esse tipo de coisa não deve ter espaço na internet.

Não há problema algum em influenciar e ser influenciado, porque fazemos as duas coisas.

Compartilhar suas influências também é uma excelente forma de criar laços afetivos com aqueles que acompanham o conteúdo que você disponibiliza em suas plataformas digitais. E isso, por si só, também exerce influência.

Há um medo generalizado de que, ao citarmos outras pessoas, nossos seguidores possam perder o interesse em nós. Mas se o seu conteúdo for interessante e o diálogo que você cria for eficiente, as pessoas continuarão acompanhando você. É importante, ao se posicionar enquanto influenciador, não esquecer do seu lado humano.

HUMANIZAR PARA QUÊ?

Você já deve ter visto pessoas falando sobre a importância de humanizar a internet. O que exatamente isso quer dizer? Vamos analisar melhor esse conceito para entender seu poder.

O conteúdo humanizado engloba a ideia de conexão, sobre a qual temos falado com frequência ao longo deste livro. Quando humanizamos o conteúdo que criamos, colocamos a pessoa que nos segue em primeiro plano. Levamos em consideração suas emoções, seus problemas e trazemos mais afeto para a relação. Dentro dessa concepção, está a ideia de que a prioridade de quem está criando é quem está do outro lado da tela, ignorando algoritmos, volume de criação e produção em massa. São seres humanos se relacionando com seres humanos.

Trazendo como exemplo uma empresa de telefonia, o conteúdo humanizado será aquele que terá como foco não o produto e quão único ele é, suas especificidades e diferenciais. Nesse caso, o ponto central será mostrar aos seguidores o que aquele produto vai agregar a suas vidas. É o conteúdo que não busca ser vitrine, mas solução.

Digamos que você, enquanto influenciadora, tenha que fazer uma propaganda a respeito de um creme para as mãos. Em vez de ressaltar todas as propriedades do creme e listar os ingredientes, pode ser mais eficiente trazer, em seu conteúdo, a sensação que seu seguidor terá ao utilizar aquele produto.

O conteúdo humanizado busca antecipar e apresentar soluções razoáveis para problemas reais dos seguidores. Ele é baseado, sobretudo, nas interações que você deve ter com eles, e é a forma mais fácil de garantir que você não ficará falando sozinha, já que as pessoas terão maior interesse naquilo que você tem a dizer.

Essa ideia traz em seu cerne a empatia, porque, para criar conteúdo humanizado, você precisa se colocar no lugar de outra pessoa a fim de entender a mente dela, saber o que se passa e quais as melhores formas de solucionar seus problemas. É o tipo de conteúdo que mais gera fidelização. E não se engane: você continua no papel central.

Esse tipo de conteúdo funciona para todas as redes sociais e também gera maior antecipação. Em vez de postar diretamente nos stories o que você tem a dizer, pode começar fazendo algumas perguntas, para prender a atenção de quem assiste. É possível fazer o mesmo nos vídeos do YouTube e do TikTok, tanto ao direcionar sua linguagem de modo a falar diretamente com quem está assistindo quanto acrescentando perguntas e dicas que gerem maior interação com o espectador.

CAPÍTULO

26

INFLUENCIE SEM MEDO

INFLUENCIAR PESSOAS NA INTERNET É COMO SER LÍDER DE UM grupo. Você influencia outras pessoas e é influenciada por elas. E, quanto mais você for você mesma, mais vai trazer para o convívio desse grupo o tipo de pessoa que quer atrair. É quase como um filtro natural para os seus seguidores que garante que você tenha à sua volta pessoas com quem se identifica e que tenham a ver com você. É o oposto de criar conteúdo apenas pela tendência e, assim, se tornar excessivamente volátil apenas para atrair o foco da atenção.

Em um momento em que estamos vivenciando uma grande quantidade de trends que acabam por tornar os conteúdos parecidos, se destaca quem consegue fazer valer a autenticidade. Você pode fazer parte das trends da internet se quiser, mas sempre adaptando para o tipo de conteúdo que cria, quem você é e o que fala. Isso vai fazer com que tudo pareça verdadeiro.

Ouça bem o que eu digo: qualquer trend é adaptável para o seu nicho. As trends que ocorrem principalmente no TikTok e no reels

[VOCÊ PRECISA TER
EM MENTE QUE NÃO
VAI AGRADAR A TODO
MUNDO. SE ESSE
ERA O SEU OBJETIVO,
ESQUEÇA-O DESDE JÁ.
TODO MUNDO
É GENTE DEMAIS.]

do Instagram são baseadas sobretudo em um componente em texto, um áudio específico e um tema. O áudio costuma ser o elemento mais importante, porque é por meio dele que as pessoas buscam mais vídeos semelhantes, a fim de entender a trend ou de buscar se informar melhor.

Você pode sempre embarcar em uma trend trazendo-a para aquele assunto sobre o qual você já fala. Assim, quando o seu vídeo atingir mais pessoas, elas virão até o seu perfil e poderão conhecer melhor o seu conteúdo. E isso é importante para não cair no esquecimento após ter um vídeo viralizado.

Muitas pessoas que viralizam com vídeos que não estão relacionados ao assunto de que falam passam o tempo reclamando do algoritmo, dizendo que ele não está entregando o conteúdo. A verdade que elas não querem ouvir é que as pessoas estão recebendo esse conteúdo, mas não é o que elas querem ver. E é por isso que seguir uma linha editorial é essencial.

E, mais importante, não tenha medo de ser você. Não tenha medo de criar, de opinar e de agir. No começo, é sempre mais difícil, porque não é um processo natural. Mas, como em qualquer profissão, a prática leva à perfeição. E, quanto antes você começar, tendo em mente a importância de ser você, melhor será.

Tem público para literalmente qualquer pessoa na internet, você sabe disso. Tenho certeza de que você já julgou o conteúdo de algum influenciador por não se identificar com ele. Mario Junior teve um dos vídeos mais viralizados do TikTok no ano de 2020. Seu conteúdo foi compartilhado em outras redes sociais, recebendo elogios e críticas, e o influenciador viu seu número de seguidores aumentar exponencialmente.

Era comum ter pessoas dizendo que não entendiam o conteúdo de Mario, pelo simples fato de que aquilo não era feito para elas. Não podemos entender e nos identificar com tudo o que vemos na internet, isso é impossível. Mas Mario soube ser ele mesmo sem medo e gerar identificação com sua audiência.

Você precisa focar seu público. Explore toda a sua autenticidade, tendo em mente que ser autêntica não significa necessariamente ser extrovertida. É simplesmente ser você.

E é também nessa hora que a persistência se torna um fator muito importante. Poucas pessoas conseguem ser naturais falando com a câmera desde o primeiro instante. Escolha qualquer youtuber que tenha canal há alguns anos e volte aos primeiros vídeos para analisar a diferença.

No começo, é perfeitamente normal você sentir vergonha, porque falar com uma câmera não é exatamente a coisa mais natural do mundo. Você vai se soltando conforme vai contando a sua história e gerando identificação nas pessoas, o que traz feedback e gera mais vontade de contar mais da sua história.

Não se esqueça da importância de praticar, pois somente assim você vai conseguir se soltar mais. Como em qualquer profissão, os primeiros instantes de um novo trabalho são de reconhecimento da área. Você está aprendendo mais sobre sua nova empresa e entendendo como poderá contribuir com ela, se familiarizando com o trabalho. Com o tempo, ele passa a se tornar tão natural que você começa a pensar em formas de incrementar e agregar ainda mais valor àquilo que está produzindo.

É interessante fazer sempre essa comparação com o mundo corporativo, porque estamos falando, sim, de um trabalho e de uma empresa. Só que, nesse caso, a empresa é sua, e o bom andamento do trabalho depende do quanto você vai se dedicar a ele.

Pode ser que no começo você não consiga dedicar tanto tempo quanto gostaria. Afinal, muitas pessoas que estão começando a adentrar a profissão de influencer dividem o tempo com o trabalho ou a escola. Mas eis aí outra vantagem: tudo pode virar conteúdo, com o olhar certo. Pense comigo: se você está escolhendo o que cursar na faculdade ou já está nos primeiros anos de estudo universitário, há chances de que tenha muito a dizer sobre esse assunto. E a quantidade de pessoas que querem entender mais a respeito do mundo das universidades é muito grande. Você pode transformar suas próprias dúvidas e dores em um conteúdo que será pesquisado por muitas pessoas.

Entenda sobre o que você quer falar, faça o planejamento do seu conteúdo para captar qual a frequência que funciona para o atual momento da sua vida e comece a criar. O currículo e o portfólio da profissão de influencer são o perfil na rede social para a qual você quer criar conteúdo. E, nessa profissão, só se aprende na prática.

CAPÍTULO

27

QUEM NÃO ARRISCA NÃO INFLUENCIA

UM DOS MAIORES MEDOS QUE TEMOS É O DE QUE NINGUÉM SE identifique com aquilo que temos a dizer. Somos mais de 7 bilhões de pessoas no mundo. É um pouco arrogante pensar que somente você pensa de determinada forma, certo? Somos muitos e múltiplos. E é por isso que você deve colocar seus pensamentos para o mundo, para encontrar mais pessoas que se identifiquem e possam ser influenciadas por aquilo que tem a dizer.

Quando mostra quem você realmente é, consegue atrair pessoas que agem e pensam como você e que vão endossar o que você faz, se identificar.

A autenticidade gera identificação, que faz as pessoas ficarem porque gostam de você. É possível construir um perfil na internet que seja alinhado com o que você é e o que faz, de forma que você fique completamente confortável com a história que conta, com tudo o que compartilha e com a forma como constrói sua influência.

Tomemos como exemplo o *Big Brother Brasil*, maior reality show do nosso país e grande fonte de discussões nas redes sociais. Podemos aprender muito sobre influência e o comportamento humano assistindo não somente às pessoas que entram na casa, mas também àquelas que comentam a respeito nas plataformas.

Todo ano, vinte pessoas entram na casa mais vigiada do Brasil. Cada uma dessas pessoas tem histórias, jeitos, personalidades e desejos diferentes. Dedicam tempo a se conhecer, formar alianças e a jogar. O público aqui fora passa horas assistindo a essas pessoas e identificando-se com uma ou outra. Se você tem o costume de assistir ao reality show, já deve ter passado pela experiência de gostar muito de algum participante só para perceber que quase ninguém no seu círculo de amizade se identifica com ele da mesma forma. Isso, por si só, já é um testemunho da complexidade da mente humana. Agora, passemos a analisar uma das redes que mais se dedicam a discutir o programa.

O Twitter ferve. Alguns participantes são amados, outros odiados. Mas mesmo os que são odiados contam com o amor de parte do público. E os que são amados também recebem sua parcela de ódio e, portanto, de haters. Tem participante que é amado durante o período em que fica na casa, mas depois cai no esquecimento. Tem aquele que é odiado lá dentro, mas depois passa a ser amado aqui fora. Por que isso acontece? Se todos estão assistindo ao mesmo programa, como podem as opiniões não ser unânimes?

Um dos fatores determinantes para que isso ocorra é que há muitas pessoas ali com quem podemos nos identificar. Essa identificação ocorre de acordo com a nossa própria história, nossa personalidade, nossos gostos. O público é tão plural quanto as pessoas que estão ali dentro. As pessoas são diferentes e, assim, têm fontes de identificação distintas.

O que é unanimidade, entretanto, é que os participantes que menos se destacam são aqueles que têm mais medo de ser eles mesmos. Considerados plantas, eles quase sempre são eliminados mais rapidamente.

É claro que o conceito de planta é muito abstrato, e pode ser que o mesmo competidor seja visto por vieses diferentes pelo público, mas o que pode ser absorvido dessa ideia é que é difícil ser influenciado por quem não aparece ou não mostra quem é.

Esse exemplo serve para reforçar a importância de ser você mesma. Muitas pessoas tentam criar bordões ou jeitos de falar que acabam por soar forçados e afastam o público. É claro que não estamos falando daquelas que criam personagens com intuitos cômicos, porque nesses casos fica mais nítida a diferença entre o personagem e o criador de conteúdo real.

Mas, para além disso, é importante dedicar parte de seu tempo a entender também como funcionam as principais redes sociais do momento. De acordo com o tipo de conteúdo que você deseja criar, uma plataforma pode ser mais indicada que outra. No próximo capítulo, vamos analisar cada uma dessas redes para compreender como medir o engajamento em cada uma delas.

CAPÍTULO

28

ENTENDA O ENGAJAMENTO

CHEGAMOS AO CAPÍTULO MAIS DESEJADO. OU AO MENOS É O que percebemos quando damos uma rápida passada por variadas postagens nas redes sociais. Reclamar do engajamento. Pedir por engajamento. Ressaltar o alto engajamento. Parece que dedicamos mais tempo a isso do que a entender de fato como medir as diferentes métricas e analisar o retorno que temos com as nossas plataformas.

Com apenas 23 anos, Kevinho é uma das maiores referências do funk atual. Com videoclipes que ultrapassam a marca de 2 bilhões de acessos no YouTube, ele é um dos artistas brasileiros com maior engajamento em suas redes sociais.

Marcos Almeida e João Guilherme, as mentes por trás do perfil Alfinetei, são familiarizados com a palavra "engajamento". O perfil de notícias e atualidades criado por eles no Instagram conta com mais de 21 milhões de seguidores e milhões de visualizações a cada postagem.

Com mais de 4 milhões de seguidores, o humorista Lucas Guedez viu sua carreira estourar ao aderir ao TikTok. Criador de centenas de vídeos

DICA DA FÁTIMA

O ENGAJAMENTO NADA MAIS É DO QUE A FORMA COMO AS PESSOAS INTERAGEM COM O SEU CONTEÚDO, OU SEJA, A FORMA COMO ELAS DEMONSTRAM INTERESSE E SE ENVOLVEM COM AQUILO QUE VOCÊ CRIA. EM RESUMO, ELE É A FORMA DE MEDIR A RELAÇÃO ENTRE UM INFLUENCIADOR E OS SEGUIDORES, POR MEIO DE INTERAÇÕES QUE PERMITEM MENSURAR QUANTO DETERMINADO CONTEÚDO FOI CONSIDERADO RELEVANTE.

E É CLARO QUE TODO CRIADOR DE CONTEÚDO DESEJA TER MAIOR ENGAJAMENTO. ISSO SIGNIFICA QUE AS PESSOAS GOSTAM DO QUE VOCÊ PRODUZ E FAZ COM QUE VOCÊ SE DESTAQUE. MAS PRECISAMOS TER CUIDADO QUANDO

engraçados e virais, seu conteúdo conta sempre com milhares de curtidas e compartilhamentos em todas as plataformas.

São muitos os exemplos que mostram a importância do engajamento. E sejamos honestas aqui: quando postamos um vídeo nas redes sociais, queremos que ele bombe. Afinal, é para isso que dedicamos nosso tempo criando esse conteúdo, certo?

É claro que números são importantes, e queremos que os nossos sejam cada vez maiores. Dentre as dicas mais pesquisadas relacionadas com a criação de conteúdo, está como conseguir aumentar o engajamento. Se você perguntar para dez criadores de conteúdo diferentes o que eles querem na internet, pode ter certeza de que mais da metade responderá que aumentar o número de seguidores, curtidas e comentários é o principal objetivo, ainda que não saibam o porquê.

O marketing digital, na verdade, nem mesmo chega a considerar visualizações como engajamento, já que elas não revelam uma ação do seguidor. O engajamento é aquilo que ativamente faz com que o algoritmo de uma rede social entenda que o usuário interagiu com o conteúdo e deseja ver mais.

O engajamento se tornou essa estrelinha mágica que comprova que temos atenção, que estamos sendo vistos, consumidos e amados. Queremos saber que as pessoas interagem com os nossos conteúdos e que não somos flopados. Mas acredite quando digo que muitas pessoas

> FALAMOS DE ENGAJAMENTO, PORQUE, APESAR DE ELE SER UMA DAS FINALIDADES DA CRIAÇÃO DE CONTEÚDO NAS REDES SOCIAIS, NÃO DEVE SER VALORIZADO ACIMA DE TUDO.

são vistas, mas não ouvidas. Entender as variadas métricas de engajamento para saber ler além dos números será a virada de chave no seu caminho para a profissão de influencer.

LIKES PARA QUÊ?

Parece estranho, mas isto acontece. Ter um grande número de pessoas visualizando seu conteúdo não necessariamente significa que você está exercendo influência sobre elas. Já reparou como há influenciadores com milhões de seguidores que, ainda assim, parecem não atrair marcas grandes e raramente fazem publicidade? Ainda que possa parecer sem sentido, isso acontece com frequência. E, para você entender melhor, vamos analisar um pouco do seu comportamento ao consumir conteúdo nas redes sociais.

Tenho certeza de que você não absorve 100% daquilo que vê on-line. Temos a mania de consultar as redes a cada instante, para passar o tempo. Você já deve ter visto memes cujo roteiro mostra alguém olhando o Instagram com a intenção de ser rápido, e, quando percebe, o dia já passou e a pessoa não fez nada além de ficar horas na rede.

Muitas vezes, deixamos o conteúdo de algumas pessoas rolando enquanto estamos fazendo outras tarefas, como lavar a louça ou varrer a casa. Isso quer dizer que estamos de fato consumindo aquele conteúdo? Não.

Quando estamos nas redes sociais, disputamos a atenção também com fatores externos às redes. É cada vez mais comum que as pessoas dividam a atenção em muitas coisas ao mesmo tempo.

Outro cenário comum é o de tentar zerar as bolinhas dos stories que faltam para ser assistidos. Assim, pulamos grande parte dos stories sem assistir. Contaremos como visualização para aquela pessoa sem termos de fato assistido àquilo que ela postou.

O seu objetivo deve ser se tornar o influenciador cujo conteúdo quando não aparece, seu seguidor vai ativamente pesquisar na lupa

[PARA ENTENDER A SUA RELEVÂNCIA, AS CURTIDAS NÃO SÃO AS ÚNICAS MÉTRICAS QUE DEVEM SER LEVADAS EM CONSIDERAÇÃO, EM NENHUMA PLATAFORMA DA INTERNET.]

para ver o que você postou. A pessoa que prende a atenção de quem está assistindo a ponto de fazê-la parar para ouvir atentamente. Daí a importância de aprender a ler além dos números.

Se você não souber como analisar o funcionamento do engajamento nas diferentes redes e entender como perceber se o seu público de fato está sendo influenciado por você, não vai adiantar de nada.

Esta é uma cena do nosso cotidiano: sabe quando você tem uma série de atividades para fazer e, para não ficar em silêncio, deixa a televisão ligada de fundo, servindo de som ambiente? Alguns criadores de conteúdo funcionam como o som ambiente na sala. Ninguém está verdadeiramente prestando atenção no que eles dizem porque o conteúdo não prende. Outros, no entanto, são como aquele programa de televisão que nos dá até medo de piscar os olhos e perder algum detalhe importante.

Você deve analisar o conjunto das interações com seus seguidores para perceber quando seu conteúdo está verdadeiramente exercendo influência e quando está servindo apenas de som ambiente para aqueles que navegam na rede.

É a proporção de interações que mostrará se o conteúdo foi pertinente. Um vídeo com um número de visualizações baixo e quase a mesma quantidade de curtidas pode ser mais significativo do que um vídeo com um número alto de visualizações e quase nenhuma curtida.

O engajamento exige postura ativa do seu seguidor. Pense comigo: é sempre fácil assistir passivamente ao conteúdo dos outros. Comentar, curtir e compartilhar são ações que exigem movimento daquele que está consumindo o conteúdo e também denotam comprometimento. Se compartilho o post de determinada pessoa nos meus stories, estou corroborando o que ela fala.

Isso porque visualizar é um ato passivo. Curtir, comentar, salvar e compartilhar são ativos. Vídeos, fotos e tuítes chegam até nós quando abrimos as redes sociais. Podemos ver sem nos engajarmos de fato. As pessoas se engajam com conteúdos de que gostam.

É a verdadeira influência que fará com que as pessoas queiram comprar de você ou comprar produtos que você indique. Influenciadores com milhões de seguidores que exercem influência rasa sobre eles servem apenas de entretenimento, mas a opinião deles não importa de fato na hora de decidir fazer ou não determinada compra.

Vamos analisar mais adiante as diferentes métricas a serem verificadas na hora de quantificar o seu engajamento, mas antes é necessário entender o que fará com que mais pessoas queiram interagir com você.

CAPÍTULO 29

DOME O SEU EGO

ANTES DE TUDO, É NECESSÁRIO ENTENDER QUE AS PESSOAS PRE-cisam de um motivo para seguir você. Não adianta reclamar que suas redes não crescem se você não cria um conteúdo que justifique esse crescimento, que faça com que as pessoas tenham vontade de te seguir. Isso envolve qualidade do conteúdo e consistência da criação, além do entendimento, que já salientei aqui, de que não é só sobre você.

Foi-se a época em que a criação de conteúdo era algo superficial, baseada apenas na vida do influenciador. É preciso ter uma conexão com o público. Não dá para criar conteúdo raso e querer crescer, as pessoas não querem e não aceitam isso. Para influenciar pessoas, você deve se tornar relevante no seu nicho.

O storytelling é a base de uma influência bem exercida. Você pode e deve colocar experiências da sua vida pessoal a fim de gerar identificação com as pessoas, mas lembre-se sempre de tornar essas histórias mais abrangentes. Se, por exemplo, eu disser: "Gosto da marca X porque faz bem para a minha pele", torno a experiência individual. Adaptando esse discurso para: "Os produtos da marca X fazem bem para a pele mista", passo a abranger a mim mesma e a outras pessoas que também podem ter esse tipo de pele.

O discurso deve ser sempre baseado em um diálogo. É como se você estivesse conversando com uma amiga e emitindo opiniões, dando conselhos e ouvindo o que ela tem a dizer para poder se aprofundar mais no assunto. Pense nos seus seguidores como amigos que passam a fazer parte dos aspectos da sua vida que você decide compartilhar com eles.

A influência, seja em que âmbito você estiver, envolve análise de discurso e capacidade de gerar empatia, identificação e proximidade com as pessoas que você deseja influenciar. Não costumamos levar em consideração a opinião de pessoas de que não gostamos e que não achamos relevantes.

E domar o ego significa também aprender a lidar com as críticas. Entenda que, quanto mais você cresce e se torna relevante na internet, mais críticas começa a receber. Nem todo mundo vai gostar do conteúdo que você posta, e há quem acredite que precisa verbalizar tudo aquilo de que não gosta.

Nessas horas, é importante sempre aprender a filtrar as críticas construtivas das destrutivas. As críticas construtivas ajudam você a crescer e melhorar seu conteúdo e são sempre bem-vindas. As destrutivas têm o objetivo somente de atacar você. A melhor forma de lidar com pessoas assim é não dando o que elas mais desejam: atenção.

Foque sua energia nas pessoas que gostam do seu conteúdo e desejam ajudar você a crescer cada vez mais. Faça com que essas pessoas interajam com você.

COMO FAZER AS PESSOAS AGIREM

Existem muitas formas de fazer seus seguidores assumirem uma postura ativa em relação ao seu conteúdo. Um dos meios mais eficientes é o chamado *call to action*, ou CTA, que consiste em fazer uma pergunta ou afirmação que leve as pessoas a comentar. Mas é importante ressaltar que esse CTA deve vir de forma natural. Há muitos criadores de conteúdo que exageram, colocando chamadas que não estão relacionadas com o assunto. Isso soa artificial e faz com que os seguidores não tenham vontade de interagir.

Se eu posto um vídeo de um perrengue que passei durante uma viagem, posso acrescentar uma pergunta simples na legenda que leve meus seguidores a contar perrengues semelhantes pelos quais eventualmente tenham passado.

O CTA estabelece um diálogo com seu seguidor que faz com que ele sinta vontade de expressar o que sentiu e pensou ao ver aquele conteúdo. Ter reações é natural do ser humano. Choramos ao ver um filme emocionante. Rimos com um vídeo de comédia. Mergulhamos em lembranças ao ouvir uma música nostálgica. Ao adicionar um elemento que faça com que a conversa com seu espectador tenha início, você o motiva a comentar e transformar esses pensamentos em palavras.

Mas, como já mencionei, isso só funciona quando o CTA de fato tem ligação com aquilo que foi postado. Não adianta colocar uma foto sua e perguntar na legenda "Qual o seu animal preferido?". A conexão entre legenda e conteúdo deve ser sempre clara.

Use o CTA como forma de projetar o tipo de comentário que você gostaria de receber nas suas postagens. Isso funciona colocando, por exemplo, começos de frases para que as pessoas completem, fazendo perguntas ou citações que se enquadrem no contexto da postagem.

Para além disso, é sempre importante ressaltar a seus seguidores, a cada postagem, a ação que você deseja que eles façam. Vemos com frequência isso ocorrer no YouTube, quando o criador de conteúdo pede para curtirmos o vídeo e nos inscrevermos no canal.

O Instagram oferece uma série de ações que podem ser feitas, e é raro que se faça mais do que uma ou duas. Em vez de pedir para as pessoas curtirem, comentarem, salvarem e compartilharem o post, escolha duas dessas ações que você acredite que serão de maior relevância para o conteúdo.

CAPÍTULO

30

O ENGAJAMENTO DE CADA REDE

VOCÊ PRECISA ENTENDER CADA UMA DAS MÉTRICAS DE ENGAjamento, e as redes sociais dão ferramentas para isso. Em todas as redes, parece que as pessoas se importam apenas com o número de curtidas e visualizações, sendo que não é só isso que conta. O engajamento também é medido pelo tanto que seu público interage.

Se você tem um alto número de visualizações em seus vídeos, mas as curtidas e os comentários não correspondem a esse número, é porque a sua forma de interação com o público precisa ser melhorada. Seu conteúdo não está funcionando de modo a estabelecer uma conversa com quem assiste ou não está prendendo as pessoas o suficiente para fazê-las interagir mais.

Já mencionamos as quatro principais redes diversas vezes: YouTube, TikTok, Instagram e Twitter. Elas são responsáveis por fazer com que alguns dos maiores influenciadores que conhecemos hoje em dia alcancem patamares com os quais talvez nunca tenham sonhado. São também as responsáveis por fazer com que a criação de conteúdo seja cada vez mais profissionalizada.

Vamos entender o engajamento em cada rede. Quase todas partem da premissa do número de visualizações, curtidas, comentários e compartilhamentos. O Instagram e o TikTok também levam em consideração o número de postagens salvas. O Twitter tem também os retuítes.

A curtida é geralmente uma das interações mais fáceis de serem conseguidas porque demanda menos do usuário: basta apertar um botão. Comentários e respostas de forma geral são um bom termômetro para entender se determinado conteúdo teve boa recepção entre as pessoas. Pense comigo: o usuário tem que dedicar certo tempo a digitar algumas poucas palavras a fim de expressar aquilo que achou, o que é algo bom enquanto métrica.

O compartilhamento indica que quem consumiu seu conteúdo julgou-o interessante a ponto de querer que mais pessoas em sua rede de contatos o vejam.

Geralmente o compartilhamento ocorre quando há um grau de identificação muito alto. Pense, por exemplo, na quantidade de memes que são compartilhados diariamente.

Ao salvar um conteúdo, o usuário demonstra que tem interesse em vê-lo novamente e mantê-lo acessível para ser consultado mais vezes sem ter que recorrer a uma extensa pesquisa para reencontrar o post. Parece excelente, não é?

Então, qual a métrica mais adequada para mensurar o sucesso da sua influência? A resposta está na proporção entre todas elas e o número de pessoas que têm acesso à sua rede social, ou seja, o seu número de seguidores ou inscritos.

E é exatamente por isso que você não deve cair nunca na armadilha de comprar seguidores ou curtidas. Ao fazê-lo, você inflará suas redes com números falsos e fará com que seu engajamento diminua ainda mais. O nome que geralmente se dá para números inflados que não indicam um engajamento significativo é métrica de vaidade.

Ao aumentar determinados números artificialmente, você fará com que a proporção do engajamento na sua rede seja distorcida. Se um grande número de pessoas visualizar seu conteúdo mas não tiver grandes interações com ele, quer dizer que ele talvez não esteja de fato tocando essas pessoas como deveria, ou seja, não está provocando nenhuma reação nelas.

O tal do algoritmo não é nenhum vilão. Ele é um mero espelho do comportamento das pessoas que utilizam aquela rede. Serve apenas para ler tais comportamentos e, dessa forma, definir tendências de criação de conteúdos, a fim de poder impulsionar aqueles que mais correspondem à tendência e farão com que os usuários passem mais tempo dentro das redes. Ele categoriza as informações disponibilizadas pelos próprios usuários conforme usam as redes.

A rede em que é mais fácil de visualizar esse tipo de comportamento é o TikTok, devido à sua própria dinâmica de funcionamento. Muitos conteúdos têm milhões de visualizações porque as pessoas acabam, de acordo com o algoritmo da rede, recebendo esses vídeos, mas não provocam a reação esperada, e, assim, o número de interações é baixo.

Não se engane: redes sociais também são empresas e, da mesma forma, querem ter lucro. Quanto mais tempo os usuários passam dentro da rede, mais eles gastam, seja vendo anúncios ou fazendo compras. É por isso que o algoritmo funciona de maneira a impulsionar vídeos que se encaixam em trends, com a consciência de que eles serão mais consumidos.

Também é o motivo pelo qual tantas redes passam por atualizações constantes, com a adição de novas ferramentas. É um modo de auxiliar tanto o usuário que está criando conteúdo, possibilitando maior interação com os seguidores e mais facilidade para criar, como também a própria rede, de maneira a permitir melhor leitura do comportamento do usuário.

Para trabalhar com redes sociais, você precisa se manter constantemente atualizada a respeito do que está acontecendo e das tendências que estão por vir. É uma profissão que, como qualquer outra, exige dedicação para se manter relevante.

Estudar os seus conteúdos com a melhor proporção de interações é uma forma eficiente de entender o seu engajamento. Essa, aliás, deve ser uma postura ativa de qualquer pessoa que queira criar influência na internet. Para além de estudar o que estudiosos da área dizem a respeito da criação de conteúdo, você precisa analisar aquilo que já criou para verificar quais pontos podem ser mudados e quais ideias podem ser repetidas.

Estude-se constantemente e verifique com frequência os seus conteúdos para entender quais são os seus pontos fortes e fracos quando se trata da comunicação eficiente com outras pessoas. Conhecer a si mesma e o seu público é a melhor maneira de influenciar.

Outra forma eficiente de se informar e também ter ideias novas de conteúdos é pesquisando as palavras-chave relacionadas à sua área para entender o que as pessoas têm procurado e transformar isso em conteúdo.

E, acima de tudo, lembre sempre que por trás de cada número há uma pessoa. Não basta se prender à ideia de obter maior engajamento e não se manter fiel ao conteúdo que trouxe essas pessoas até você.

Preocupe-se sempre em manter-se próxima e fiel a quem te segue. Seguidores engajados terão maior comprometimento com a sua marca e se tornarão responsáveis por ajudar na divulgação do seu trabalho.

Por fim, para além de querer interação, lembre-se também de gerar interação. Não podemos só querer receber sem dar nada em troca. Interaja com o conteúdo de outras pessoas, deixe comentários pertinentes e faça com que seu perfil seja visto por outros usuários. Isso também ajuda a rede social a entender os seus gostos e sugerir conteúdos que possam ser relevantes para você.

Se você tem influenciadores que admira e cujo conteúdo acredita que seja semelhante ao seu, deixe comentários pertinentes nas postagens deles. Há muitas pessoas que passam grande parte do tempo lendo os comentários de perfis maiores e, ao verem o seu, podem se identificar com o que você diz e sentir curiosidade de ir até o seu perfil conhecer um pouco mais sobre você.

Comentar no perfil dos seus seguidores é também uma forma de fortalecer os vínculos e fazer com que eles se sintam mais próximos de você. Em consequência, você também pode vir a conhecer muitos perfis interessantes.

CAPÍTULO

31

SEGUIDORES SÃO PESSOAS

TEREMOS UM CAPÍTULO INTEIRAMENTE DEDICADO A FALAR DOS números, mas é importante entender que a sua presença on-line significa, sumariamente, que você está lidando com pessoas. Ainda que possamos funcionar enquanto coletivo, temos também nossas identidades individuais, e, quanto melhor for a sua forma de comunicação, mais fácil será influenciar outras pessoas.

Ter facilidade para se expressar para aqueles que você deseja influenciar é o primeiro passo para se destacar em relação a outros criadores de conteúdo. O foco deve estar no público que você deseja atingir, e treinar sua capacidade de comunicação é fundamental. Afinal, ninguém se deixa influenciar por uma pessoa que sequer consegue entender.

Subentende-se então que a sua comunicação deve ser sempre direcionada para o público com quem você está conversando, adequada às métricas que você obtém a respeito dessas pessoas.

As plataformas de redes sociais são, sobretudo, formas de comunicação. Colocam pessoas em contato com pessoas e fazem com que elas passem a se conhecer, se identificar e se entender. E, ao lidar com essas pessoas, é primordial que você lembre que a lógica nem sempre é o detalhe que vai se sobressair. Pessoas são também emocionais. Assim como você, seus seguidores também são guiados pelos sentimentos que os tocam. Sentem orgulho e medo, sentem vontades, têm ideias, querem ser ouvidos.

QUALQUER SER HUMANO, POR ESSÊNCIA, INFLUENCIA E É INFLUENCIADO POR OUTROS.

Ensinamos, avaliamos, indicamos. Compartilhamos nossas experiências e assim temos papel determinante na escolha de outras pessoas. A diferença é que a internet permitiu a influência em massa de forma a aproximar influenciador e influenciado. Foi por meio da internet que a profissão influencer surgiu e tomou proporções maiores.

O que quero dizer com isso é que você precisa ter uma postura que seja, ao mesmo tempo, receptiva e didática. As pessoas não querem se sentir influenciadas, manipuladas: essas ações devem ocorrer naturalmente, ficar subentendidas naquilo que você faz. O fator determinante para uma influência bem-sucedida é, em primeiro lugar, acreditar na mensagem que você passa e, em segundo, saber como passá-la de modo convincente para outras pessoas.

Muitas vezes, quando desejamos ter impacto positivo nas pessoas, recorremos ao pensamento do que é convincente para nós mesmos, de acordo com nossas crenças, nossos desejos e nossas ambições. Mas, como já vimos anteriormente, não se trata só de você. Para influenciar o comportamento de outras pessoas, você terá que conhecê-las e saber também de seus desejos e anseios. Terá que entender seus seguidores como pessoas.

Houve uma época em que o sonho de qualquer pessoa que começava a criar conteúdo era chegar aos tão almejados 10 mil seguidores. O número era como um grande indicativo de que seu conteúdo funcionava e você agora tinha relevância no mundo da influência digital.

É provável que esse número tenha sido escolhido porque era a quantidade de seguidores necessários para poder inserir links nos stories do Instagram, o que gerou também a famosa expressão "arrasta para cima".

O problema foi que muitas pessoas começaram a associar a profissão de influencer somente com o número de seguidores, e não com a influência de fato exercida pelo criador de conteúdo. E, assim, ficamos com a impressão de que isso é suficiente para medir a relevância de uma pessoa na internet. E não é.

Quanto antes entendermos isso, melhor será. O verdadeiro poder da influência on-line está em ser ouvida pelas pessoas que te seguem, e, para isso, não adianta tratar seus seguidores como números. E, veja bem, isso não quer dizer que você não pode querer crescer. Não só pode como deve. Mas é essencial que lembre sempre que está falando com pessoas, produzindo com elas e para elas.

CAPÍTULO

32

PARA QUE VOCÊ QUER SEGUIDORES?

PARECE QUE HOJE EM DIA TODO MUNDO SÓ QUER SEGUIDORES. Se esse for o seu caso, então tenho uma notícia: para ter um grande número de seguidores, basta você comprar. E, assim que efetuar sua compra, observe como você vai estragar tudo o que batalhou para conseguir e inflar suas contas com números falsos. Você precisa pensar que por trás de cada número há uma pessoa, e essa pessoa tem altos e baixos, tem dias em que quer consumir e dias em que não. É alguém como você.

E, mais uma vez, vamos analisar nosso próprio comportamento a fim de entender melhor as pessoas. Você entra todos os dias em todas as redes sociais para consumir o conteúdo de todas as pessoas que segue? Acredito que a resposta seja "não". Então, em alguns dias, você dará visualizações para alguns criadores de conteúdo, em outros, não. E, por vezes, deixará de seguir alguém porque já não se identifica com o conteúdo.

É comum os números flutuarem porque as pessoas têm interesses mutáveis. Você com certeza já deixou de seguir determinadas pessoas por discordar de uma opinião ou por acreditar que não se interessava mais pelo assunto de que elas falavam nas redes sociais.

Temos que lembrar que pessoas não são números. Elas são mais do que somente aquele algarismo que aparece na sua rede social para deixar você mais famosa. Humanize as pessoas com quem você interage nas suas redes. Elas têm histórias, amores, desejos, ideias. Quando você se aproxima delas e compartilha sua história e seus momentos, cria-se um forte vínculo.

Dizer que números são pessoas também significa dizer que você não pode focar apenas em crescer sem criar o conteúdo que condiz com o crescimento que deseja. Não dá para querer ser famoso só por ser famoso. Você precisa se deixar conhecer e conhecer seus seguidores.

VOCÊ CONHECE SEUS SEGUIDORES?

Henry Ford, fundador da Ford, uma vez disse que, se há algum segredo para o sucesso, "ele consiste na habilidade de apreender o ponto de vista da outra pessoa e ver as coisas tão bem pelo ângulo dela como pelo seu".

Isso significa que é primordial que você conheça seus seguidores e saiba entendê-los. Uma das maiores dificuldades da comunicação é gerada pela falta de empatia e pelo egoísmo na hora de se comunicar. Queremos sempre passar nossa mensagem rapidamente sem nos preocuparmos com a mensagem que os outros têm a passar. Queremos ser ouvidos sem ouvir.

Um dos motivos pelos quais a MYND foi tão revolucionária na criação de conteúdo durante o ano de 2020 foi porque soubemos ouvir as dores de nosso *squad* e daqueles que os seguem, adaptando nossas estruturas para poder continuar gerando entretenimento. Inclusive aquelas que não foram expressadas publicamente.

Teria sido muito fácil usar nossas redes apenas para reclamar da situação e não propor uma forma de mudança. Ao analisarmos o panorama mundial e as rápidas mudanças que ocorriam na rotina das pessoas ao se verem presas em casa, pudemos entender quais problemas em breve poderiam se apresentar. O tédio de não poder fazer nada de diferente. A vontade de interagir com outras pessoas. A solidão.

E foi assim que percebemos a importância de munir nosso *squad* de ferramentas para que eles pudessem continuar criando conteúdo que servisse de entretenimento para o público, por meio de posts e lives. Fomos pioneiros na mudança de paradigmas da criação de conteúdo que ocorreu com a pandemia.

E nada disso teria ocorrido se eu tivesse analisado somente a minha situação e me mantivesse alheia à de outras pessoas. Há dez anos no mercado e com mais de duzentos projetos concretizados com sucesso, a MYND soube se reinventar e trazer um novo modelo de agenciamento que hoje é copiado por outras agências. Somos influenciadores também enquanto empresa.

Para influenciar as pessoas, você precisa aprender a ouvir. Precisa dedicar o seu tempo a conhecer aqueles que também buscam conhecer você. A influência é uma troca, nunca é uma via de mão única. O verdadeiro caminho para a influência legítima e duradoura é entender quais são as coisas que seus seguidores estimam e falar sobre elas. Faça com que as pessoas queiram se aproximar de você, ouvir o que você tem a dizer e se conectar com você.

Já aprendemos que a forma mais eficiente de influenciar pessoas é por meio da emoção. Vemos o tempo todo isso acontecer em discursos políticos. Nem sempre aqueles que são considerados mais eficientes são os que enumeram pontos lógicos e dados estatísticos, mas os que mexem com os medos e os sonhos das pessoas.

Trazendo para o mundo da influência, é possível perceber um crescimento cada vez maior no consumo de conteúdo de coaches e influenciadores chamados *good vibes*, por exemplo. Por que essas pessoas fazem tanto sucesso? Exatamente porque elas sabem como atingir o emocional daquelas que as seguem e influenciá-las a ter determinado comportamento. Uma vez influenciadas, essas pessoas terão maior tendência a consumir determinado produto ou ouvir determinada música se acreditarem que o resultado final será a sensação prometida por aqueles que inicialmente a influenciaram.

Ainda que você não concorde com o princípio do conteúdo desses fenômenos da internet, é importante entender o que está por trás deles. O que faz com que essas pessoas tenham legiões de seguidores e consigam se comunicar de forma eficiente com eles? A resposta para essa pergunta é, consequentemente, o que faz com que esses criadores de conteúdos cresçam e tenham seu conteúdo divulgado de forma orgânica. Quanto mais próxima você estiver de quem te segue, mais essa pessoa vai querer ser influenciada por você e divulgar seu conteúdo.

    E tenha em mente que, quando falo de aprender, não necessariamente estou me referindo a conteúdos extremamente densos. Aprender também significa entreter, rir, descobrir algo novo. Mesmo quem tem como nicho conteúdos mais densos tem aprendido a importância de tratá-los de diferentes formas, para gerar maior identificação. Faça seus seguidores se sentirem parte do que você diz.

CAPÍTULO

33

MUDE DO EU PARA O NÓS

VOCÊ PROVAVELMENTE JÁ TEVE A EXPERIÊNCIA DE CONVERSAR com uma pessoa egocêntrica. Sabe do que estou falando, certo? Aquelas pessoas que monopolizam a conversa e fazem com que tudo seja sobre elas. Você diz que está cansado porque dormiu só cinco horas, e ela logo vai responder que mal dormiu três horas durante a noite. Você compartilha uma história da sua infância, e a resposta dela é compartilhar três outras histórias parecidas com a sua, mas com leves mudanças.

Basicamente qualquer assunto que você tente abordar logo vira um discurso sobre a vida dela. É aquele tipo de pessoa que raramente vai perguntar sobre aspectos da sua vida, e, quando o fizer, será apenas para poder falar ainda mais sobre ela mesma.

Esse tipo de pessoa costuma nos cansar, porque é impossível travar um diálogo: somos parte de um monólogo cujo objetivo parece ser apenas ressaltar quanto ela é diferente, especial, vivida, única.

Mas, como já concluímos aqui, somos todos únicos. Você pode ter histórias incríveis para contar, mas tenha a certeza de que seus

A INFLUÊNCIA
É UMA TROCA,
NUNCA É UMA
VIA DE
MÃO ÚNICA.

seguidores também. E, se o intuito é compartilhar histórias, saber ouvir é tão importante quanto saber falar.

Abra espaços para esse diálogo e veja como a simples mudança em pronomes e conjugações fará com que as pessoas se sintam mais acolhidas.

EM VEZ DE DIZER "EU ACHO ISSO", DIGA "NÓS ACHAMOS ISSO", INCLUINDO SEUS SEGUIDORES.

Ao mostrar algo, pergunte a opinião das pessoas. Isso não apenas será eficiente para aumentar seu engajamento ao ter mais interações, mas também para que você possa conhecer quem assiste a você, quem está por trás das telas.

Os influenciadores se tornaram ídolos de grande parte do público mais jovem presente na internet. Ídolos com os quais eles podem conversar, interagir e aprender ainda mais sobre eles, do que falam e fazem. Faça com que eles sejam parte dos processos de decisão do seu conteúdo também, por meio de enquetes ou grupos em que vocês possam conversar e eles possam dar opiniões. Assim, as pessoas passam de seguidores a uma pequena comunidade de apoio.

Repare como muitos criadores de conteúdo e artistas fazem isso com seus fã-clubes. Só que você não precisa ter milhões de seguidores e cinco fã-clubes para começar a incluir quem te segue no processo de criação de conteúdo. É possível fazer isso desde o começo, e por vezes é até mais eficiente. Educando seus primeiros seguidores, aqueles que vierem depois começam a entender a dinâmica de interação no seu perfil e sabem exatamente o que podem esperar de você enquanto criadora de conteúdo.

Mesmo que seus stories tenham cinquenta visualizações e cada foto tenha dez likes, você precisa interagir com as pessoas. Se você estivesse em uma sala de aula com cinquenta pessoas e começasse a falar, não diria que não está falando com ninguém, certo? Então desde já comece a ver cada um desses números como uma pessoa. Comece desde sempre a criar o tipo de conteúdo que atrairá muitas pessoas e fará com que elas se sintam parte do grupo que você está criando.

Exerça o senso de comunidade. Nós, seres humanos nos identificamos com muitos grupos ao mesmo tempo. O senso de comunidade nos faz ter a sensação de conexão verdadeira e de identificação com alguns grupos em detrimento de outros.

De acordo com McMillan e Chavis[1], esse senso é criado, sobretudo, por quatro elementos distintos. O primeiro é o símbolo, que traz a sensação de associação. Muitos influenciadores utilizam-se de cores específicas que fazem com que as pessoas se lembrem de sua marca ou um nome pelo qual chamam seus seguidores, levando os que fazem parte daquela comunidade a se identificar entre si.

O segundo elemento é a influência mútua, que temos debatido ao longo deste livro. Atente-se ao fato de que estamos falando de influência enquanto troca, num processo em que influenciamos e somos influenciados por alguém. Se fazemos parte de uma comunidade em que sentimos que não somos ouvidos, temos a tendência de nos afastar e procurar outro grupo.

O terceiro é o preenchimento de necessidades, e é aí que entra a colaboração que o influenciador traz à vida das pessoas que o seguem. Ao ouvir os problemas das pessoas e criar um conteúdo baseado nas possíveis soluções, você está preenchendo essas necessidades e estreitando ainda mais o senso de comunidade. Você passa a ser vista como alguém que pode contribuir.

E, por fim, o quarto elemento é a conexão emocional. Nesse caso, estamos novamente falando do poder de contar histórias e de compartilhar experiências, criando uma ligação entre aqueles que compartilham. Um grupo de pessoas com histórias parecidas tende a ter um senso de comunidade e de proteção maior entre si.

Esses conceitos foram criados antes da era da internet, como forma de entender o comportamento humano e analisar os níveis de identificação entre as pessoas, mas se encaixam perfeitamente na maneira como vemos a comunidade on-line.

---

1. CHAVIS, D.M; e MCMILLAN, D.W. Sense of Community: A Definition and Theory. Hoboken, Nova Jersey: *Journal of Community Psychology*, 1986.

Como é possível perceber, portanto, o senso de comunidade nasce quando estreitamos laços com aqueles que nos seguem. Lembre-se de que não se trata só de você. Trata-se da sensação que você causa em quem a acompanha, que faz com que essas pessoas desejem continuar consumindo o conteúdo que você cria e queiram, como parte da sua comunidade, ver o seu crescimento e o reconhecimento enquanto pessoa influente.

É com base nesse conceito que nascem os fã-clubes e os famosos mutirões para ajudar um artista ou um criador de conteúdo a atingir marcas expressivas. Sendo parte da sua comunidade, seus seguidores sentem que o seu crescimento é também o crescimento deles e passam a não medir esforços para ver o seu sucesso.

E, para que isso ocorra, é preciso que você se dedique à profissão de influencer desde o primeiro dia. Não adianta pensar que primeiro virão os seguidores e depois você passará a se comprometer com seu conteúdo. Ninguém cresce sem o empenho necessário. É preciso criar uma estratégia que funcione de acordo com seus objetivos e entender que, por vezes, esse crescimento pode demorar a acontecer. Não deixe isso desanimá-la e continue trilhando o seu caminho para ser a influenciadora dos seus sonhos.

CAPÍTULO

34

CRIE PARA MILHÕES, MESMO QUE VOCÊ NÃO OS TENHA

É MUITO COMUM VER PESSOAS DESEJANDO TER MILHÕES DE seguidores e explicitando como seria o conteúdo delas caso alcançassem esses grandes números. Mas, se você não consegue cativar e influenciar os seguidores que tem agora, tenha certeza de que ter milhões não mudaria isso em nada. Na verdade, apenas faria com que você caísse no esquecimento ainda mais rápido.

Se eu colocar você agora em um estádio com 100 mil pessoas para discursar, o mais provável é que você fique tão nervosa que nada saia de sua boca. Mas, se começarmos em uma sala de dez pessoas e formos aumentando o número pouco a pouco, quando chegarmos àquelas mesmas 100 mil, discursar soará muito mais natural para você.

Você precisa se dedicar ao conteúdo que cria agora como se já tivesse milhões de seguidores. A qualidade de seu conteúdo vai atrair mais pessoas que queiram ouvir o que você tem a dizer e sejam influenciadas por você.

VOCÊ PRECISA SE DEDICAR AO CONTEÚDO QUE CRIA AGORA COMO SE JÁ TIVESSE MILHÕES DE SEGUIDORES.

Como exemplo, podemos citar os participantes do *Big Brother Brasil* que saem do anonimato para a fama em alguns meses. Muitos não sabem como gerir suas contas porque nunca se dedicaram à criação de conteúdo antes e, então, se veem com um enorme número de pessoas prontas para ouvir o que eles têm a dizer e consumir o conteúdo que vão gerar.

Eles são colocados na posição de influenciadores sem ter o know-how para fazê-lo e por isso, muitas vezes, acabam caindo em descrédito e sendo tachados apenas como ex-BBBs que fazem sorteios, por exemplo.

Entretanto, há casos de pessoas que rapidamente aprendem como usar suas plataformas para levar suas mensagens adiante e se fazer ser vistas para além da participação no programa. João Luiz Pedrosa, por exemplo, saiu do BBB 2021 sem ganhar o reality show, mas tornou-se embaixador de marcas, tem um programa na televisão e escreveu um livro, lançado também pela HarperCollins.

João sempre soube se posicionar a respeito do que acreditava e fazia-se ouvir dentro e fora da casa, criando diálogos com aqueles que se identificavam com ele. Teve suas causas explicitadas e sabia quem era o público para quem queria falar. Responde mensagens, aproxima-se de seus seguidores e é o famoso "gente como a gente". Por isso, exerce influência em um grande número de pessoas.

Não espere ter milhões de seguidores para trazer qualidade para o que você cria.

SAIBA SE CRITICAR

Assim como nos baseamos em pessoas, também nos baseamos no algoritmo. Pintamos o algoritmo como o grande vilão que aparece para diminuir todos os nossos números, porque essa alternativa é muito mais fácil do que arregaçar as mangas e tentar entender o que estamos fazendo de errado.

Desse modo, a culpa do fracasso nas redes sociais raramente é da pessoa que cria conteúdo, porque é sempre mais fácil apontar o dedo para os outros. E, se você entrar nessa espiral de negação, rapidamente perceberá que o seu poder de influência diminuirá cada vez mais.

Em vez de buscar sempre um culpado externo para o fato de determinado conteúdo não ter performado como você desejaria, procure analisar sempre o que houve, quais são as opiniões de seus seguidores ou o que eles não estão te dizendo ao, por exemplo, não interagir com esse conteúdo, e entenda o que pode ser feito para mudar.

O algoritmo é feito por pessoas. Ele é baseado no consumo dos usuários da plataforma. Se um grande número de pessoas passa a procurar determinados vídeos no YouTube, a rede vai promover mais esse conteúdo em relação aos outros. Isso explica, por exemplo, por que vídeos de shows de talento são muito mais sugeridos quando esses programas ainda estão no ar e menos quando saem do ar.

Essa premissa funciona em qualquer uma das principais plataformas da atualidade, e é preciso aceitar essa verdade. Quem faz o algoritmo são as pessoas. Então, em vez de culpá-lo, saiba usá-lo a seu favor. Saiba aproveitar as tendências das redes e o que as pessoas têm pesquisado com maior frequência para adaptar ao seu nicho e criar conteúdo que seja atual e relacionado com o que você fala. Assim, você poderá exercer influência sobre seus seguidores e também sobre novas pessoas que possam vir a achar seu perfil por meio de pesquisas.

CAPÍTULO

35

CREDIBILIDADE, RAINHA

A FERRAMENTA MAIS IMPORTANTE DO INFLUENCIADOR É A CREdibilidade, por isso cuide sempre dela. Respeite seus seguidores e seus princípios acima de tudo, o que inclui se associar a marcas e pessoas que estejam de acordo com aquilo em que você acredita e prega no seu dia a dia. Mantenha sempre sua essência.

A influência que a gente exerce na rede também se reflete na influência do lado de fora. Você deve se manter fiel a quem você é e àquilo em que acredita. Não finja ser alguém que não é apenas para atrair a atenção das pessoas, pois isso vai gerar uma influência vazia de significado. É preciso que a pessoa que você representa na internet também se faça presente na vida real.

É impossível se dissociar da pessoa que você é na internet. No mundo da influência digital, a imagem pessoal e a profissional com frequência se misturam, porque a sua rede social é a sua plataforma de trabalho e, ao mesmo tempo, o local em que você expõe fatos da sua vida pessoal. Por isso, devemos cuidar da imagem que passamos para os nossos seguidores e para as marcas com que queremos trabalhar.

Mesmo pessoas que não trabalham como influenciadoras digitais podem ter suas vidas profissionais afetadas por algo que expõem de sua vida pessoal na internet. Durante os últimos anos, temos visto muitas pessoas perderem seus empregos devido a conteúdos de cunho preconceituoso postados em alguma rede social.

Em uma era em que praticamente tudo o que fazemos e falamos fica registrado para a posteridade em nossas redes, ter responsabilidade ao criar conteúdo é essencial.

Quantas vezes você já viu tuítes antigos serem resgatados para desmoralizar alguém?

Quando postamos algo na internet, estamos tornando público para que outras pessoas possam interagir. Com isso, podemos entender a importância de termos responsabilidade com o que compartilhamos e também de nos mantermos fiéis ao que sentimos e acreditamos. Lembre-se de que, ainda que seu conteúdo seja feito on-line, quem segue você são pessoas com quem você pode encontrar ao acaso no dia a dia.

QUEM É VOCÊ QUANDO A INTERNET ACABA?

Nós já vimos essa cena. Fã encontra influenciador, influenciador trata fã mal e rapidamente a notícia se espalha. Artista dá entrevista para a televisão e se contradiz com algo que havia dito anteriormente. Isso ocorre com frequência quando as pessoas criam um personagem para aumentar sua presença on-line.

Manter-se fiel a você e àquilo em que acredita é a melhor forma de fazer com que sua influência se faça presente em todos os âmbitos da sua vida. Reflita sobre o que é convincente para você e para os seus desejos, seu estado mental e suas ambições, e projete essas informações para pessoas que estejam na mesma vibração que você.

A sua credibilidade é uma das coisas mais importantes que você vai construir. Foi a minha credibilidade que fez com que meu chefe pensasse em mim para comandar a Vevo no Brasil. Apesar de eu não ter feito nada parecido antes, ele já trabalhava comigo havia bastante tempo, confiava no que eu fazia e, assim, acreditou que eu era uma boa opção para comandar o empreendimento que ele tinha em mente.

Sempre fui fiel àquilo em acreditava e à postura que julgava ser essencial ao trabalhar em uma empresa, e isso me trouxe frutos. Se hoje comando uma empresa com o maior e mais variado catálogo de artistas e influenciadores, é porque também sou uma influenciadora.

Eu soube usar o meu conhecimento para entender como trabalhar com essas pessoas e gerar emoções diversas, projetando o meu jeito de gerir e sabendo quando me adaptar às mudanças, sempre com transparência. Ter transparência gera mais conexão e maior comprometimento por parte dos envolvidos.

A MYND foi a primeira agência a se preocupar ativamente com a pauta da diversidade, não por ser uma pauta social, mas por fazer parte daquilo em que acredito. Temos talentos de todas as cores, orientações sexuais, tamanhos e formatos no mundo. Então, como a maioria das agências parece não conseguir representar isso em seu catálogo de influenciadores? E, quando o fazem, por que o quadro de funcionários continua sem ter representatividade?

Eu sempre acreditei nessa causa e procurei implantá-la desde o primeiro dia da criação da MYND. A diversidade faz parte do nosso DNA. Com mais de 200 funcionários, temos equidade de gênero e mais de 50% do nosso quadro é composto por pessoas negras.

Imagine que feio seria se eu defendesse abertamente essa causa nas minhas redes, mas, se alguém viesse visitar a empresa, percebesse que a diversidade que digo defender não se faz presente no meu lugar de trabalho.

Ao colocar em prática o discurso que defendo, faço com que cada funcionário e influenciador do quadro da MYND se identifique ainda mais com a empresa. Todos passam a vestir a camisa e defender o nosso trabalho porque acreditam naquilo que fazemos.

Uma pessoa é muito mais comprometida com uma empresa quando entende suas políticas e sabe a respeito de seus chefes, conhece a postura deles e confia em seu trabalho.

Com o conhecimento que adquirir sobre você mesma, seu negócio e as pessoas que te cercam, você poderá estabelecer metas que farão com que o empreendimento cresça cada vez mais, entendendo para onde expandir e como conquistar territórios não explorados por outros no mesmo nicho que você.

Foi o que a MYND fez ao começar a trabalhar com artistas e trazendo-os também para o mundo da criação de conteúdo, conectando-os com marcas. Esse modelo é hoje copiado no Brasil inteiro, e fomos pioneiros nisso porque eu soube como verificar as lacunas que precisavam ser preenchidas no mercado e aplicar minha expertise para fazer com que elas fossem devidamente preenchidas.

Cresci porque sabia exatamente para onde e como eu podia crescer. Entendi quando podia desrespeitar determinados processos para conseguir aquilo que eu acreditava que seria o melhor para a minha empresa que nascia e tive autoconfiança suficiente para entregar-me aos processos.

E não pense que esse caminho de desenvolvimento algum dia terá fim. Já éramos uma empresa consolidada antes da pandemia de covid-19, mas crescemos ainda mais durante esse período exatamente porque soubemos aplicar com precisão o que foi explicado aqui. Estudamos as plataformas e aqueles que as utilizavam, tivemos extenso contato com as pessoas que eram influenciadas por nossos criadores e entendemos o que poderíamos entregar para provocar nelas as emoções certas. O resultado foi um crescimento ainda maior de todos os agenciados da MYND.

Se você deseja começar na profissão de influencer, deve ter sempre em mente que as pessoas precisam se sentir satisfeitas ao seguir você e ao consumir o seu conteúdo. Influenciar pessoas é também sobre fazer com que elas sintam que suas necessidades foram supridas.

Ao contrário do que alguns acreditam, ser influenciador não é uma profissão fácil e vai muito além de mostrar recebidos e postar vídeos. Exige estudos e atualização constante das principais tendências em voga no momento.

A internet modificou a forma como somos influenciados, fazendo com que pudéssemos alcançar instantaneamente um número muito maior de pessoas e expressar nossas opiniões por meio de imagens, sons e palavras.

———

Por meio da criação de conteúdo, nos conectamos com outras pessoas e compartilhamos ideias, sonhos e vontades.

———

Influenciamos pessoas, causando impacto em suas vidas e levando-as a fazer determinadas escolhas.

Tenha responsabilidade ao criar conteúdo, pois nem sempre temos a dimensão do efeito das nossas palavras.

CAPÍTULO

36

O QUE VOCÊ GANHA POR SER DE VERDADE

CAMILLA DE LUCAS, APRESENTADORA, MODELO E INFLUENCER:

"A Fátima Pissarra me descobriu no início do meu trabalho na internet, quando eu ainda tinha poucos seguidores. Ela tem uma qualidade incrível que é enxergar o potencial das pessoas. Eu acho que atualmente, dentro do marketing, o trunfo que ela carrega é essa visão de águia que ela tem. A Fátima vai além, consegue enxergar um grande potencial no artista.

Hoje a Fátima trabalha com influenciadores e também é uma influenciadora. Eu acredito que ela serve de inspiração para muitas mulheres, não só na área do marketing, mas no geral. A Fátima é uma mulher admirável. É incrível, tudo o que ela toca vira ouro.

Desde o início ela acreditou e continuou acreditando em mim. Antes de a gente acreditar, ela já acredita na gente.

Eu sou muito grata por tudo que a Fátima e a MYND fizeram por mim."

GÉSSICA KAYANE (GKAY), ATRIZ, HUMORISTA E INFLUENCER:

"A Fátima tem um papel crucial na minha carreira.

Ela é uma mulher muito empreendedora e determinada que vai atrás de fazer acontecer. Toda ideia maluca que eu tenho, a Fátima diz: 'Vamos fazer acontecer'.

Acho que a maior qualidade dela é o 'sim'. A gente é muito acostumado a viver e a aceitar o 'não', e a Fátima não é assim. Para ela não existe o 'não', para a Fátima sempre é o 'sim'. E eu acho que é por isso que ela é uma mulher de tanto sucesso.

Admiro muito a Fátima. Na área de marketing de influência, ela é uma expert. Ela não só promete, ela faz acontecer. Fez acontecer para mim, Gkay, e sou muito grata a ela por isso.

Ela é uma mulher f*da."

MAÍRA AZEVEDO (TIA MÁ), JORNALISTA, HUMORISTA E INFLUENCER:

"É impossível falar de marketing no Brasil sem pensar em Fátima Pissarra. Ela mudou os rumos do marketing digital no país. Uma mulher à frente do seu tempo. Uma profissional visionária, extraordinária, que consegue captar as novas tendências antes mesmo de elas surgirem.

Isso só acontece por conta do seu olhar treinado em descortinar talentos. A chegada de Fátima Pissarra, juntamente com a MYND, na minha vida foi transformadora. Fui levada para outro lugar, e, quando falo 'outro lugar', quero dizer espaço, mas também reconhecimento.

A Fátima e a MYND transformam vidas. A minha é uma delas!"

THELMA ASSIS (THELMINHA), MÉDICA, APRESENTADORA E INFLUENCER:

"Para mim, a Fátima é uma pessoa que nos ajuda a criar possibilidades para a nossa vida. Ela é uma mulher empoderada que se sente feliz em empoderar outras pessoas.

Ela foi um porto seguro assim que eu saí do BBB, porque eu estava chegando em um meio totalmente novo para mim como figura pública. E, em um primeiro momento, eu falava: 'Ah, Fátima, daqui um mês todo mundo vai me esquecer!', e ela respondia: 'Não, você vai muito longe'.

Ela me empoderou. Depois que eu a conheci melhor, pude me tornar amiga e entender o quão forte, o quão importante ela é, não só para a família dela, mas para as pessoas que estão ao seu redor."

LETTICIA MUNNIZ, APRESENTADORA, MODELO E INFLUENCER:

"A Fátima é única dentro desse cenário do marketing, do marketing de influência, na internet. Quando a Fátima me conheceu, eu não tinha quase nada de seguidor, não era ninguém conhecido na internet, e o que ela viu em mim foi alguém que queria transformar o mundo. E é isto que a Fátima é: uma mulher que quer transformar as estruturas, dar voz e espaço a quem precisa. Por isso ela é essa profissional tão ousada e tão diferente de tudo que a gente já viu. A Fátima como pessoa quer mudar o mundo, e ela usa o trabalho dela para fazer isso.

Eu não tenho nem palavras para dizer o quão importante essa mulher é dentro desse novo contexto de mídia. Hoje, com esse movimento em que muitas pessoas são a mídia, muitas pessoas têm algo para dizer, a Fátima é quem te dá um microfone. Ela faz com que milhões te ouçam, com que as marcas acreditem em você, e assim ela faz com que a gente cresça e espalhe a nossa palavra, para de fato ser a mudança que o mundo precisa. Tudo que eu tenho hoje, tudo: o alimento da minha geladeira, a casa que eu moro, tudo, tudo, tudo é graças a Fátima e a todas as pessoas maravilhosas que trabalham na MYND e com tanto amor acreditaram em mim."

LUANA XAVIER, APRESENTADORA, ATRIZ E INFLUENCER:

"Fátima Pissarra fundou a MYND com seus sócios, e, em dois anos de existência a agência, já estava ganhando os prêmios mais importantes na área de influência. Isso, junto com o compromisso que sabemos que ela tem com o seu trabalho, nos dá a dimensão do quanto ela transforma vidas por meio do marketing de influência.

Eu sou a prova viva disso. Quando entrei na MYND, disse que meu objetivo era trabalhar bastante as minhas redes sociais para área de publicidade e ficar rica com isso. Estou nesse caminho, tenho certeza de que eu estou nesse caminho. Olho para aquela menina preta, nascida em Sepetiba, na periferia do Rio de Janeiro, com planos de transformar a vida da família inteira, não só a dela própria, e vejo essa menina conseguindo realizar os seus sonhos porque a Fátima acreditou nela.

Fátima Pissarra merece o mundo!"

JOÃO LUIZ PEDROSA, EDUCADOR, APRESENTADOR E INFLUENCER:

"Hoje a gente tem personalidades que falam sobre temas superimportantes na internet, gente que consegue colocar em pauta temas relevantes e que, de outro modo, não teriam tanto alcance. É um tipo de presença muito novo, essa presença on-line, inclusive para mim, que tenho na educação um tema de vida e conquistei recentemente um alcance para debater esse tema nas redes sociais.

Se a gente pensar em marketing de influência, tem que pensar em construção de imagem, que decorre da construção da nossa relevância nas redes. Esse é um dos pilares tanto da Fátima quanto da MYND. Estamos construindo algo que é de fato relevante.

O importante é potencializar essa relevância dentro do cenário publicitário, do marketing e da sociedade, e assim transformar o mundo através da internet.

Graças a Fátima Pissarra, eu posso fazer a minha parte nessa transformação."

LUÍSA SONZA, CANTORA, APRESENTADORA E INFLUENCER:

"Quando conheci a Fátima Pissarra, eu tinha certeza de que eu daria certo e estava em busca de alguém que me ajudasse nisso. Ela acreditou em mim desde o primeiro dia. Permitiu que eu fosse a artista que sempre quis ser. Ela me ouviu e me deixou mostrar para o mundo quem era a Luísa.

Eu me vejo nela e ela se vê em mim. Nossas formas de pensar e agir estão conectadas, somos confidentes e temos muito orgulho uma da outra. Eu me inspiro muito na Fátima, uma mulher empreendedora que acredita nos seus ideais, luta por eles e pelas pessoas, transforma vidas, e é uma das profissionais mais geniais que conheço, além de excelente mãe para os filhos dela e todos os agenciados da MYND. Ela está sempre pronta a nos ouvir e a tornar os nossos sonhos realidade."

AGRADECIMENTOS

Agradeço aos meus pais, que me deram a vida, me deram a educação e os alicerces para eu ser como eu sou e chegar onde cheguei.

Aos meus filhos, que me ensinam a cada dia e me fazem querer ser sempre melhor, assim como fazer coisas que possam transformar o mundo em um lugar melhor para eles, com mais respeito e igualdade.

A todos meus agenciados, amigos, clientes, que me incentivam a continuar, estão do meu lado de mãos dadas: vocês são a minha base e a minha certeza de que estamos no caminho certo.

Eu amo vocês.

Este livro foi impresso pela Lisgráfica, em 2022, para a HaperCollins Brasil. A fonte do miolo é Minion Pro. O papel do miolo é pólen soft 80g/m² e o da capa é cartão 250g/m².